westermann

W0335120

FiNALE
Klassenarbeitstraining

6

Mathematik
Real- und Gesamtschule

FiNALE
Klassenarbeitstraining

6 **Mathematik**
Real- und Gesamtschule

Autor:
Gotthard Jost

westermann GRUPPE

Druck [1] / Jahr 2018

Redaktion: Ulrike Klein, Berlin
Kontakt: lernhilfen@westermanngruppe.de
Illustrationen: Hans-Jürgen Feldhaus, Münster
Umschlaggestaltung: Gingco.Net, Braunschweig
Umschlagfoto: Gingco.Net, Braunschweig
Innenlayout: Maike Frach, Braunschweig
Druck und Bindung: westermann druck GmbH, Braunschweig

ISBN 978-3-7426-**0081**-3

Vorwort

Liebe Schülerin, lieber Schüler,

mit diesem Buch gelangst du in drei Schritten zur erfolgreichen Klassenarbeit:

Verstehen: Lerne und wiederhole wichtige **Regeln**. Ausführliche Beispiele und Erklärungen erleichtern dir das Verstehen.

Üben: Abwechslungsreiche **Tests** üben den Lernstoff ein. Wenn du dir einmal nicht sicher bist, wie eine Aufgabe gelöst wird, schaue in den Regeln nach.

Können: Genug geübt? Dann schreibe eine **Klassenarbeit** wie in der Schule! Die Zeitangabe auf jeder Klassenarbeit gibt an, wie viel Zeit dir zur Verfügung steht.

Mithilfe des **Lösungsteils** hinten im Buch kannst du kontrollieren, ob du alle Aufgaben richtig bearbeitet hast.
Hier findest du auch den Bewertungsschlüssel für die Klassenarbeiten.

Zwei Symbole begleiten dich durch das Buch: Der Smiley macht dich auf Tipps und Tricks aufmerksam und das Ausrufezeichen ! kennzeichnet Aufgaben, die etwas kniffliger sind.

Die Aufgaben in den Tests und Klassenarbeiten haben drei unterschiedliche Schwierigkeitsstufen. Es gibt Aufgaben mit einem, zwei oder drei Sternen. Je mehr Sterne vor einer Aufgabe stehen, desto schwieriger ist sie.

Solltest du einmal nicht genug Platz zum Bearbeiten der Aufgaben finden, nimm einfach ein Heft zur Hand.

Viel Erfolg bei der nächsten Klassenarbeit!

Gotthard Jost

Inhaltsverzeichnis

1 Teilbarkeit und Brüche 1

Teiler und Vielfache

Eine natürliche Zahl ist durch eine natürliche Zahl teilbar, wenn bei der Division kein Rest entsteht. Die Zahl, durch die geteilt wird heißt Teiler. Eine Zahl kann mehrere Teiler haben.

Beispiel 1: Die Zahl 24 hat die Teiler 1; 2; 3; 4; 6; 8; 12; 24, da sie durch all diese Zahlen ohne Rest geteilt werden kann.

Man findet alle Teiler einer Zahl, indem man sie auf alle möglichen Arten als Produkt von zwei Zahlen schreibt, bei dem der erste Faktor kleiner als der zweite ist. Dazu probiert man nacheinander, welche der Zahlen 2; 3; 4; 5;...Teiler der Zahl sind. Alle vorkommenden Zahlen sind Teiler der Zahl.

Beispiel 2: Alle Teiler der Zahl 24 sind gesucht: $1 \cdot 24$; $2 \cdot 12$; $3 \cdot 8$; $4 \cdot 6$

Jede Zahl ist damit auch ein Vielfaches ihrer Teiler.

Beispiel 3: Die Zahl 24 ist ein Vielfaches der Zahlen 1; 2; 3; 4; 6; 8; 12; 24.

Alle Teiler einer Zahl fasst man in der Teilermenge zusammen, alle Vielfachen einer Zahl in der Vielfachenmenge.

Beispiel 4: a) Die Teilermenge der Zahl 24 ist $T_{24} = \{1; 2; 3; 4; 6; 8; 12; 24\}$. Die der Zahl 6 ist $T_6 = \{1; 2; 3; 6\}$.
b) Die Vielfachenmenge der Zahl 4 ist $V_4 = \{4; 8; 12; 16; ...\}$, die der Zahl 11 ist $V_{11} = \{11; 22; 33; 44; ...\}$

Da man die Vielfachenmengen beliebig weit fortsetzen kann, genügt es, die ersten drei oder vier Vielfachen aufzuschreiben.

Teilbarkeitsregeln

Mithilfe der Teilbarkeitsregeln kann man überprüfen, ob eine Division ohne Rest durchführbar ist.

Die **Endziffernregeln** besagen, dass eine Zahl nur dann durch

- **2** teilbar ist, wenn die letzte Ziffer (Endziffer) der Zahl durch 2 teilbar ist.
- **4** teilbar ist, wenn die zwei letzten Ziffern eine durch 4 teilbare Zahl bilden.
- **5** teilbar ist, wenn die Endziffer 0 oder 5 ist.

Beispiel 5: Die Zahl 214 ist durch 2 teilbar, da ihre Endziffer (4) durch 2 teilbar ist. Sie ist aber weder durch 5 noch durch 4 teilbar. Die Zahl 1340 ist dagegen durch 2, 4 und 5 teilbar, da alle drei Endziffernregeln erfüllt sind.

Die **Quersummenregeln** besagen, dass eine Zahl nur dann durch

- **3** teilbar ist, wenn die Quersumme der Zahl durch 3 teilbar ist.
- **6** teilbar ist, wenn die Zahl gerade und die Quersumme durch 3 teilbar ist.
- **9** teilbar ist, wenn die Quersumme der Zahl durch 9 teilbar ist.

Die Quersumme einer Zahl bildet man, indem man die einzelnen Ziffern addiert. Die Quersumme der Zahl 132 beispielsweise ist $1 + 3 + 2 = 6$.

Beispiel 6: Die Zahl 312 ist durch 3 und 6 teilbar, da ihre Quersumme $(3 + 1 + 2 = 6)$ gerade und durch 3 teilbar ist. Die Zahl 612 ist durch 3 und 9 teilbar, da ihre Quersumme $(6 + 1 + 2 = 9)$ durch 3 und 9 teilbar ist.

Primzahlen und Primfaktorzerlegung

Primzahlen sind Zahlen, die **genau zwei Teiler** haben, nämlich die 1 und sich selbst. Es gibt unendlich viele Primzahlen. Die ersten Primzahlen sind: 2; 3; 5; 7; 11; 13; 17; 19; 23; 29; .... Achtung: die 1 gehört nicht zu den Primzahlen, da sie keine zwei Teiler hat!

Beispiel 7: Die Zahl 31 ist eine Primzahl, da sie nur die Teiler 1 und 31 hat. Die Zahl 28 dagegen ist keine Primzahl, da sie die Teiler 1; 2; 4; 7; 14; 28 hat.

Jede Zahl, die größer als 1 und keine Primzahl ist, hat eine **Primfaktorzerlegung,** das heißt, man kann sie in ein Produkt aus Primzahlen zerlegen.

Beispiel 8: $42 = 2 \cdot 3 \cdot 7$ $105 = 3 \cdot 5 \cdot 7$ $182 = 2 \cdot 7 \cdot 13$

Brüche und Bruchteile

Brüche beschreiben Teile eines Ganzen. Ein Bruch besteht aus einem Zähler, einem Nenner und einem Bruchstrich, wie z. B. $\frac{3}{5}$.

Der Nenner steht unter dem Bruchstrich und gibt an, in wie viele gleich große Teile das Ganze geteilt wird (im Beispiel rechts in 5).

Der Zähler steht über dem Bruchstrich und gibt an, wie viele Teile man davon hat (im Beispiel rechts 3).

Der Bruchstrich hat die gleiche Bedeutung wie ein Divisionszeichen.

Das bedeutet: Den Quotienten zweier natürlicher Zahlen kann man auch als Bruch schreiben und umgekehrt.

Achtung: Brüche mit dem Nenner 0 existieren nicht, da nicht durch 0 geteilt werden darf!

Beispiel 9: $3:5 = \frac{3}{5}$, $1:7 = \frac{1}{7}$, $7:1 = \frac{7}{1} = 7$; $0:5 = \frac{0}{5} = 0$, aber $5:0$ existiert nicht!

Echte Brüche, unechte Brüche und gemischte Zahlen

Brüche, bei denen der Zähler **kleiner** ist als der Nenner, nennt man **echte Brüche**. Ist der Zähler 1, nennt man den Bruch auch **Stammbruch**.

Beispiel 10: $\frac{1}{3}$ (Stammbruch); $\frac{2}{5}$; $\frac{19}{20}$

Ist der Zähler **größer oder gleich** dem Nenner, spricht man von einem **unechten Bruch**.

Beispiel 11: $\frac{4}{3}$; $\frac{6}{5}$; $\frac{12}{4}$; $\frac{9}{9}$

verstehen

Da unechte Brüche immer mindestens ein Ganzes oder mehr angeben, kann man sie in **gemischte Zahlen** umwandeln.

Beispiel 12: $\frac{4}{3} = \frac{3}{3} + \frac{1}{3} = 1 + \frac{1}{3} = 1\frac{1}{3}$; $\frac{6}{5} = 1\frac{1}{5}$; $\frac{12}{4} = 3$; $\frac{9}{9} = 1$

Kürzen, erweitern und vergleichen

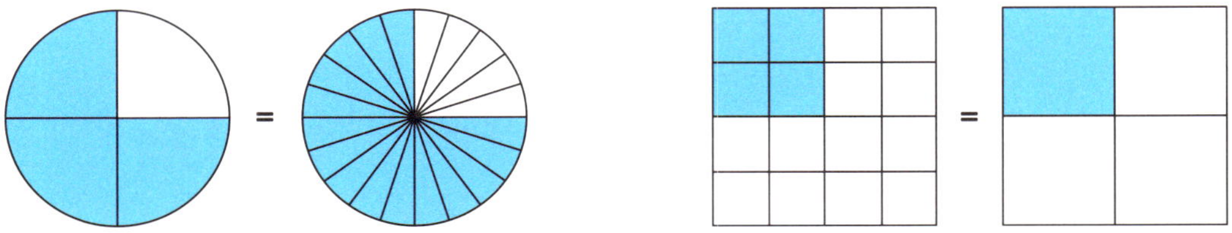

Verändert man die Einteilung, kann man verschiedene Brüche erhalten, die alle denselben Anteil beschreiben, die also alle denselben Wert haben.
Eine solche Veränderung der Einteilung nennt man **kürzen** oder **erweitern**.

Man **erweitert** einen Bruch, indem man Zähler und Nenner mit derselben natürlichen Zahl (außer 0 und 1) multipliziert.

Beispiel 13: $\frac{3}{4} = \frac{3 \cdot 5}{4 \cdot 5} = \frac{15}{20}$

Man **kürzt** einen Bruch, indem man Zähler und Nenner durch dieselbe natürliche Zahl (außer 0 und 1) teilt.

Beispiel 14: $\frac{4}{16} = \frac{4:4}{16:4} = \frac{1}{4}$

Beim Kürzen wird oft diese Schreibweise verwendet:

$\frac{\cancel{4}^{1}}{\cancel{16}_{4}} = \frac{1}{4}$

Erweitern und Kürzen **verändert den Wert des Bruches nicht**.

Ein **Größenvergleich** von Brüchen ist nur möglich, wenn man sie **gleichnamig** macht, d. h. auf ihren **Hauptnenner** (das kleinste gemeinsame Vielfache (kgV) der Nenner) erweitert.
Sind zwei Brüche gleichnamig, ist derjenige größer, der den größeren Zähler hat.

Beispiel 15: $\frac{1}{3} = \frac{2}{\mathbf{6}}$ und $\frac{1}{2} = \frac{3}{\mathbf{6}}$,

denn kgV (2; 3) = **6**, also: $\frac{1}{3} = \frac{\mathbf{2}}{6} < \frac{\mathbf{3}}{6} = \frac{1}{2}$

$\frac{1}{3}$ 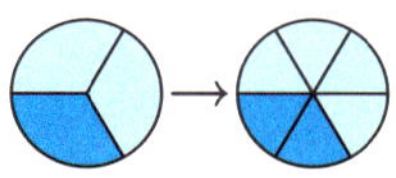 $\frac{2}{6}$ $\frac{1}{2}$ 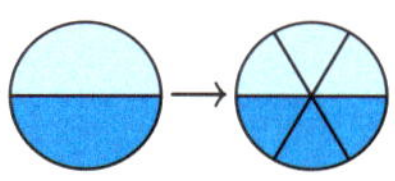 $\frac{3}{6}$

„Sieht" man den Hauptnenner nicht sofort, kann man ihn finden, indem man die beiden Nenner in ihre Primfaktoren zerlegt und das Produkt **aller** gemeinsam auftretenden Primfaktoren bildet. Beispiel: Gesucht ist das kgV von 12 und 14. $12 = 2 \cdot 2 \cdot 3$; $14 = 2 \cdot 7$. $\text{kgV} = 2 \cdot 2 \cdot 3 \cdot 7 = 84$.

Merke: Das Zeichen < bedeutet „kleiner als", > bedeutet „größer als".

Test 1: Teilbarkeitsregeln und Primzahlen

üben

1 Bestimme alle Teiler der Zahl und notiere sie in einer Teilermenge.

a) 16 b) 20 c) 36

T_{16} = {__________} T_{20} = {__________} T_{36} = {__________}

2 Ergänze die fehlenden Zahlen.

a) T___ = {1; ___; 3; ___; ___ : 12}

b) T___ = {___; ___; 17; 51}

c) V___ = {5; 10; ___; 20; ___; ...}

d) V___ = {___; ___; 27; ___; ...}

3 Setzte einen Haken in den Feldern, bei denen die Antwort „ja" lautet.

Ist die Zahl durch	4528	2315	26	83	440	535
2 teilbar?						
3 teilbar?						
4 teilbar?						
5 teilbar?						
6 teilbar?						
9 teilbar?						

4 Kennst du dich mit Primzahlen aus?

a) Markiere alle Primzahlen.

37 102 99 43 29 11 51 49 27 15

b) Zerlege folgende Zahlen in ihre Primfaktoren.

14 = ________ 30 = ________ 24 = ________ 90 = ________

üben

Test 2: Brüche darstellen

1 Gib den zum gefärbten Anteil passenden Bruch an.

a) 

b) 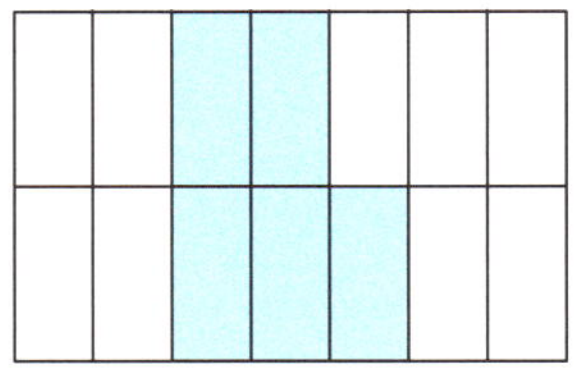

c) 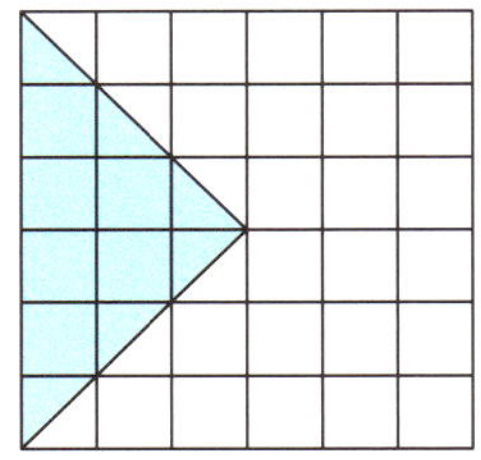

2 Wandle den unechten Bruch in eine gemischte Zahl um, bzw. umgekehrt.

a) $\frac{7}{3}$ = ______ b) $\frac{12}{5}$ = ______ c) $\frac{24}{23}$ = ______ d) $\frac{131}{43}$ = ______

e) $1\frac{4}{7}$ = ______ f) $7\frac{1}{3}$ = ______ g) $13\frac{2}{5}$ = ______ h) $24\frac{3}{8}$ = ______

3 Wähle in dem Karopapier geeignete Rechtecke und färbe die folgenden Brüche ein.

a) $\frac{2}{5}$ b) $\frac{3}{7}$ c) $\frac{7}{9}$ d) $\frac{10}{6}$ e) $\frac{15}{12}$ f) $1\frac{2}{3}$

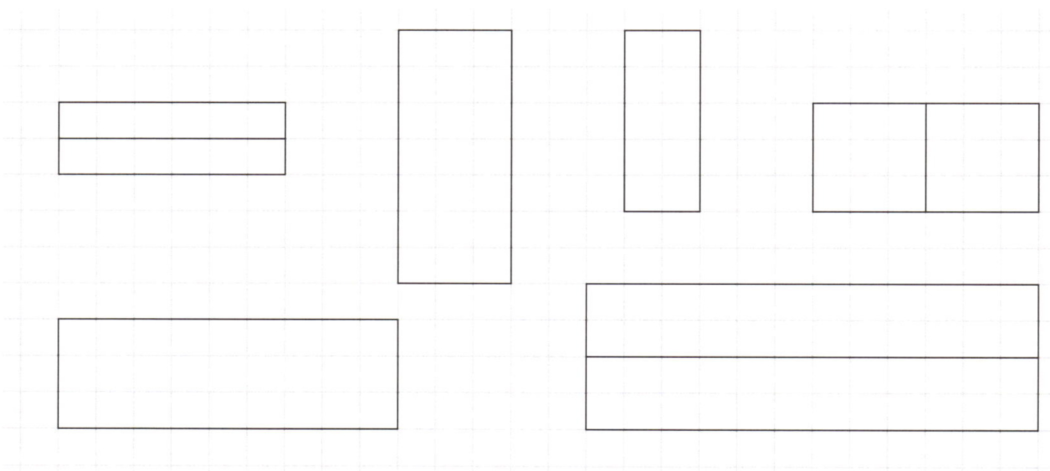

4 Hier siehst du einige „Brüche" abgebildet. Erkennst du sie? Schreibe als gemischten und unechten Bruch.

a) 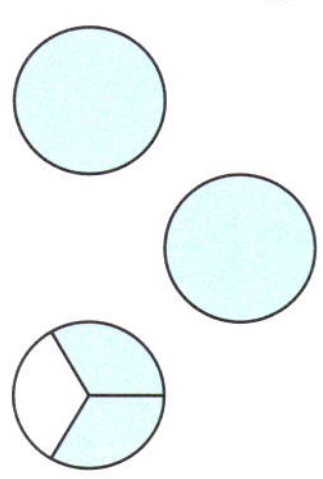

b) 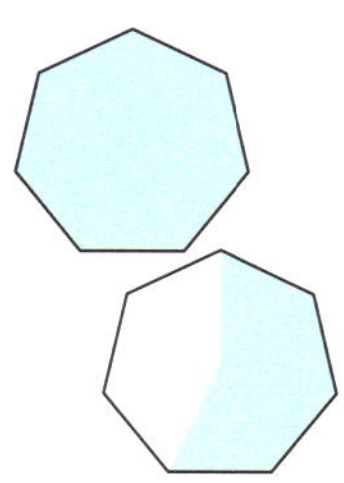

c) 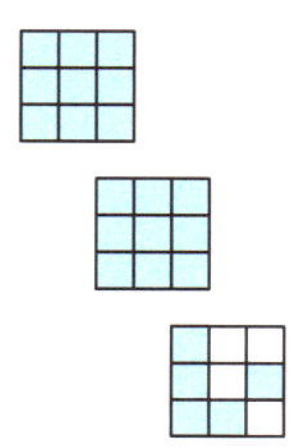

d) 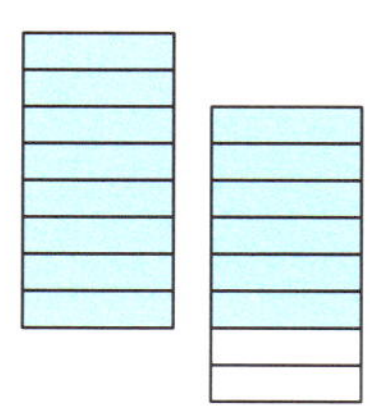

Test 3: Erweitern, kürzen und vergleichen

üben

1 Erweitere alle Brüche nacheinander mit 2, 3, 5, 10, 15.

a) $\frac{1}{4}$ = ____ = ____ = ____ = ____ = ____

b) $\frac{2}{3}$ = ____ = ____ = ____ = ____ = ____

c) $\frac{4}{5}$ = ____ = ____ = ____ = ____ = ____

d) $\frac{5}{11}$ = ____ = ____ = ____ = ____ = ____

2 Kürze oder erweitere wie angegeben.

a) kürze mit 4: $\frac{16}{24}$ = ____ $\frac{32}{68}$ = ____ $\frac{120}{132}$ = ____

b) kürze so weit wie möglich: $\frac{18}{24}$ = ____ $\frac{45}{60}$ = ____ $\frac{39}{91}$ = ____

c) erweitere mit 7: $\frac{3}{5}$ = ____ $\frac{11}{6}$ = ____ $\frac{19}{33}$ = ____

d) erweitere auf den Hauptnenner: $\frac{2}{15}$; $\frac{8}{21}$; $\frac{1}{18}$; $\frac{5}{6}$ ____

3 Welche Zahl gehört in die Lücke?
Gib an, mit welcher Zahl gekürzt oder erweitert wurde.

a) $\frac{6}{5} = \frac{\square}{30}$ ____

b) $\frac{12}{\square} = \frac{4}{15}$ ____

c) $\frac{\square}{7} = \frac{39}{91}$ ____

d) $\frac{12}{156} = \frac{1}{\square}$ ____

e) $\frac{\square}{256} = \frac{4}{16}$ ____

f) $\frac{60}{35} = 1\frac{\square}{7}$ ____

4 Ordne die Brüche der Größe nach, beginne mit dem kleinsten Bruch. Bringe die Brüche zunächst auf den Hauptnenner.

a) $\frac{4}{10}$; $\frac{3}{20}$; $\frac{2}{50}$ ____

b) $\frac{3}{4}$; $\frac{5}{8}$; $\frac{1}{12}$; $\frac{9}{24}$; $\frac{17}{48}$ ____

c) $\frac{4}{7}$; $\frac{9}{11}$; $\frac{5}{14}$ ____

Klassenarbeit Nr. 1

60 min

1 Bestimme alle Teiler der Zahl.

a) 6 b) 12 c) 48

/3

2 Bestimme die ersten vier Zahlen der Vielfachenmengen.

a) $V_3 = \{$______________$\}$; b) $V_9 = \{$______________$\}$ c) $V_{14} = \{$______________$\}$

/3

3 Prüfe mithilfe der Teilbarkeitsregeln.

Teilbar durch	62	84	136	180	425
2					
3					
4					
5					
6					
9					

/3

4 Welcher Anteil ist gefärbt?

a)

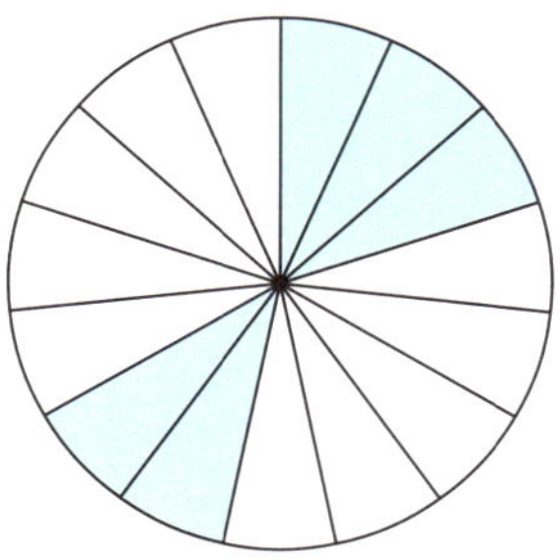

____

b)

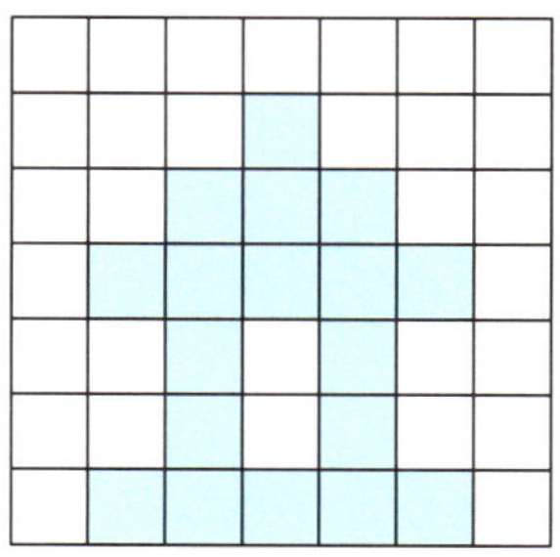

____

c)

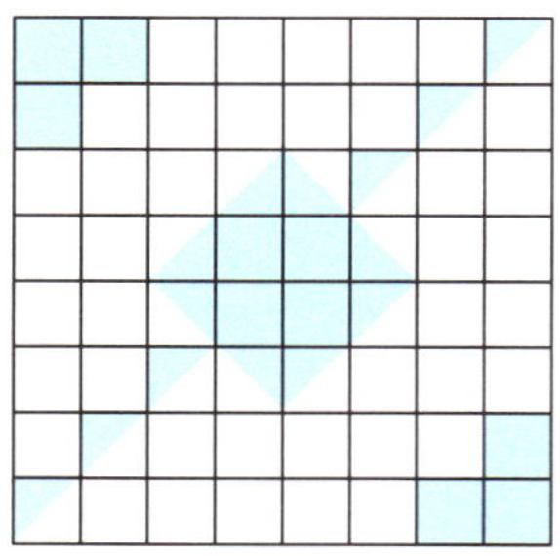

____

/3

können

5 Zeichne geeignete Rechtecke und markiere folgenden Anteil farbig:

a) $\frac{2}{9}$ b) $\frac{5}{12}$ c) $\frac{17}{25}$ d) $1\frac{19}{42}$

/ 4

6 Wandle in eine gemischte Zahl bzw. in einen unechten Bruch um.

a) $\frac{11}{3}$ = ______ b) $\frac{25}{6}$ = ______ c) $\frac{49}{13}$ = ______

d) $4\frac{2}{7}$ = ______ e) $9\frac{7}{12}$ = ______ f) $13\frac{3}{11}$ = ______

/ 6

7 Erweitere und kürze wie angegeben.

a) Erweitere alle Brüche mit 7.

$\frac{2}{3}$ = ______ $\frac{4}{9}$ = ______ $\frac{15}{23}$ = ______

b) Kürze so weit wie möglich.

$\frac{28}{84}$ = ______ $\frac{21}{91}$ = ______ $\frac{51}{68}$ = ______

/ 6

8 Vergleiche die Brüche und setzte <, >, oder = ein.

a) $\frac{2}{3}$ ___ $\frac{1}{3}$ $\frac{3}{4}$ ___ $\frac{2}{4}$ $\frac{5}{7}$ ___ $\frac{2}{8}$

b) $\frac{9}{9}$ ___ $\frac{3}{3}$ $1\frac{5}{12}$ ___ $2\frac{3}{14}$ $1\frac{2}{9}$ ___ $\frac{18}{4}$

/ 6

erreichte Punktzahl

/ 34

2 Teilbarkeit und Brüche 2

verstehen

Brüche am Zahlenstrahl

Überlege dir anhand der gegebenen Nenner, was eine sinnvolle Einteilung eines ganzen Schrittes auf dem Zahlenstrahl ist, ehe du ihn zeichnest.

Bei geeigneter Einteilung lässt sich jeder Bruch am Zahlenstrahl darstellen. Die Strecke zwischen 0 und 1 (oder 1 und 2 ...) muss dazu in gleich lange Teilstrecken zerlegt werden. Brüche, die an derselben Stelle am Zahlenstrahl stehen, bezeichnen dieselbe Bruchzahl.

Beispiel 1:

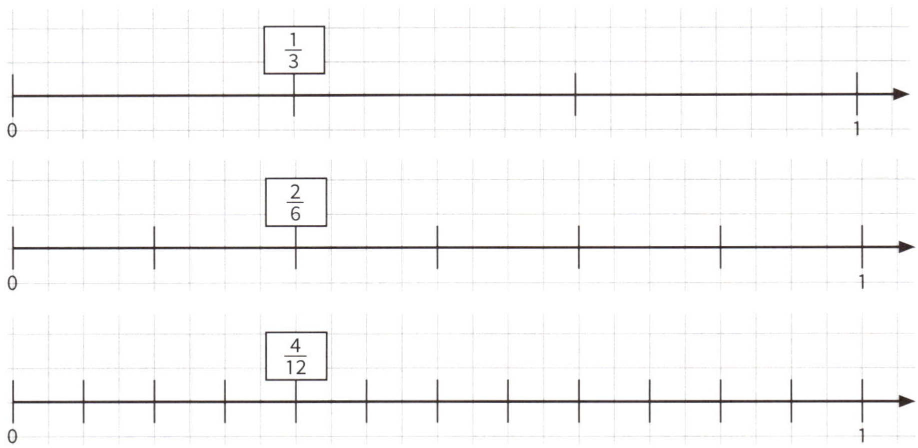

Die Brüche $\frac{1}{3}$, $\frac{2}{6}$ und $\frac{4}{12}$ kennzeichnen dieselbe Bruchzahl.

Anteile von beliebigen Größen

Mit Brüchen kann man Anteile („Bruchteil“) von jeder beliebigen Größe ausrechen, bzw. wenn man den Anteil kennt, das Ganze bestimmen.
Man unterscheidet folgende drei Ansätze:

Bestimmen eines Teils einer Größe
Will man beispielsweise wissen, wie viel $\frac{3}{5}$ von 70 € sind, dividiert man das Ganze durch den Nenner des Bruches und multipliziert das Ergebnis anschließend mit dem Zähler.
Merke dir dazu folgendes Schema:

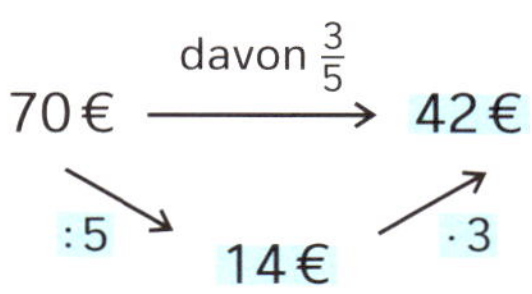

Beispiel 2: Wie viel sind $\frac{9}{20}$ von 520 m?

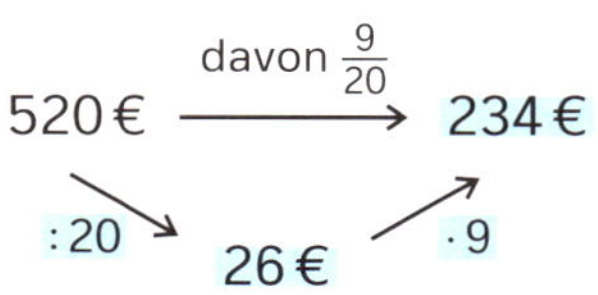

Bestimmen des Anteils

Möchte man wissen, wie viel 9 l von 27 l sind,
bildet man den Bruch $\frac{9}{27}$, kürzt ihn wenn möglich und erhält dann:
9 l sind $\frac{1}{3}$ von 27 l.

Beispiel 3: Bestimme den Anteil von 17 kg an 68 kg.

$\frac{17}{68} = \frac{1}{4}$; 17 kg sind also $\frac{1}{4}$ von 68 kg.

Bestimmen des Ganzen

Kennt man einen Teil und seinen Anteil am Ganzen, kann man damit auf das Ganze schließen (auf das Ganze „zurückrechnen").
Dazu dreht man die Rechnung, die man verwendet, um den Teil einer Größe zu bestimmen, komplett um.
Man dividiert den Teil also durch den Zähler und multipliziert das Ergebnis mit dem Nenner (siehe Schema im Beispiel).

Beispiel 4: Pascal hat 40 € von seinem Taschengeld ausgegeben, das sind $\frac{2}{3}$.
Wie viel Taschengeld erhält er?
Rechnen mit dem umgekehrten Schema:

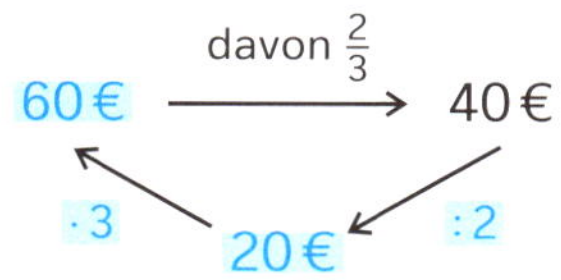

Brüche als Maßzahlen

Brüche begegnen uns in vielen Bereichen des täglichen Lebens,
meist als Maßzahlen einer Maßeinheit.

Beispiel 5: eine $\frac{3}{4}$ h, das Gewinde eines Wasserhahn misst $\frac{3}{8}$ Zoll,
Wein kann man in der Gaststätte in der Menge $\frac{1}{8}$ l und $\frac{1}{4}$ l bestellen,
eine halbe Tonne Weizen, eine viertel Tankfüllung etc.

Oft ist es sinnvoll, diese Maßzahlen in die nächstkleinere Maßeinheit umzurechnen, da man dann ganze Maßzahlen erhält.

Beispiel 6: eine $\frac{3}{4}$ h sind 45 min, $\frac{1}{4}$ l Wein sind 250 ml,
eine halbe Tonne Weizen sind 500 kg etc.

Prozente

Will man einen **Bruch in eine Prozentangabe** umrechnen,
muss man ihn auf den Nenner 100 (1000, 10000 ...) erweitern.

Beispiel 7: a) $\frac{2}{5} = \frac{40}{100} = 40\,\%$ b) $\frac{3}{8} = \frac{375}{1000} = 37{,}5\,\%$

Test 1: Brüche am Zahlenstrahl und als Maßzahlen

üben

1 Welche Brüche sind auf dem Zahlenstrahl markiert?

✷ a)

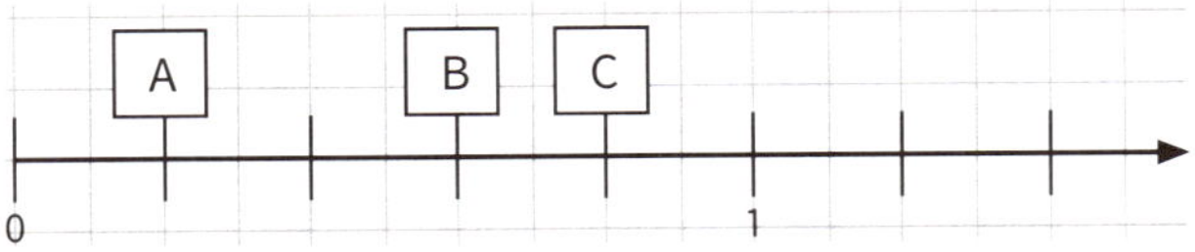

b)

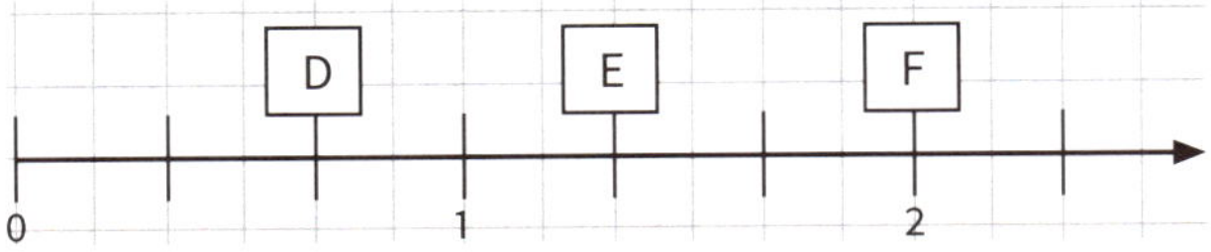

c)

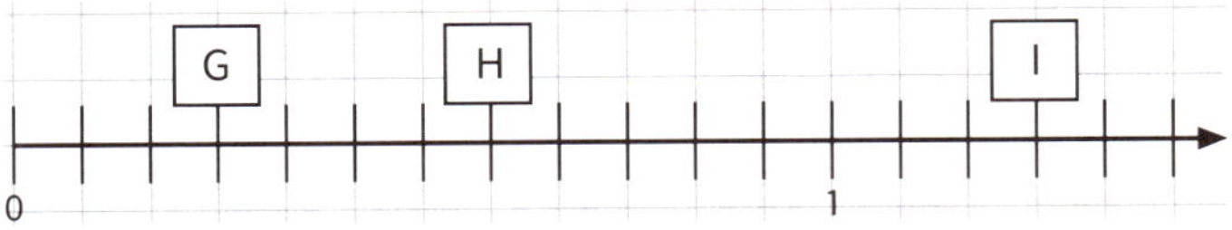

2 Zeichne einen geeigneten Zahlenstrahl und markiere die Brüche. Welche Brüche bezeichnen die gleiche Bruchzahl?

✷✷

a) $\frac{1}{2}$; $\frac{2}{4}$; $\frac{2}{3}$; $\frac{4}{6}$; $\frac{1}{6}$

b) $\frac{2}{5}$; $\frac{5}{10}$; $\frac{3}{10}$; $\frac{2}{10}$; $\frac{4}{5}$; $\frac{8}{10}$

3 Brüche als Maßzahlen.

✷✷

a) Wandle in eine ganze Maßzahl um:

$\frac{3}{4}$ l = ____________ $\frac{3}{5}$ t = ____________

$2\frac{5}{6}$ h = ____________ $7\frac{5}{8}$ kg = ____________

b) Wandle in die angegebene Maßeinheit um. Kürze, wenn möglich.

250 g = ____________ kg 330 ml = ____________ l

875 dm = ____________ km 25 cm^2 = ____________ m^2

4 Schreibe als Prozentangabe.

✷✷

a) $\frac{3}{5}$ = ________ $\frac{1}{2}$ = ________ $\frac{4}{25}$ = ________

b) $\frac{14}{40}$ = ________ $\frac{1}{20}$ = ________ $\frac{12}{8}$ = ________

Test 2: Anteile von Größen

1 Berechne den Teil der Größe.

a) $\frac{2}{9}$ von 63 m b) $\frac{4}{7}$ von 161 km c) $\frac{5}{6}$ von 210 € d) $\frac{13}{20}$ von 840 kg

e) $\frac{7}{12}$ von 360° f) $\frac{3}{8}$ von 720 l g) $\frac{11}{25}$ von 3475 € h) $\frac{4}{15}$ von 255 cm

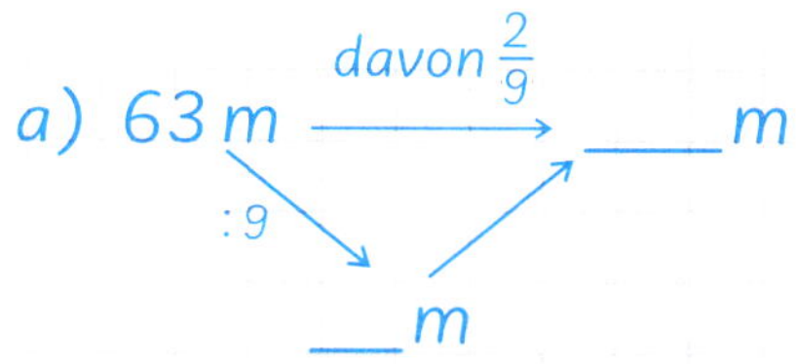

2 a) Zu einer Geburtstagsfeier der 6a kamen 18 von 22 eingeladenen Schülerinnen und Schülern. Das entspricht einem Anteil von _____ = _____

b) Bei einer Verkehrskontrolle fuhren 4 von 72 Autofahrern zu schnell. Das entspricht einem Anteil von _____ = _____

c) In der 6c der Helene-Meier-Realschule gibt es 18 Jungs und 12 Mädchen. Die Mädchen sind _____ = _____ der Klasse.

3 Berechne im Heft.

a) 16 Schülerinnen und Schüler einer Klasse sind in einem Sportverein. Das sind $\frac{4}{7}$ der Klasse. Wie groß ist die Klasse?

b) Lucia macht eine Fahrradtour. Nach 20 km hat sie $\frac{4}{9}$ der Gesamtstrecke zurückgelegt. Wie weit möchte Lucia insgesamt fahren?

c) Tobias spart für ein neues Fahrrad. Er hat bereits 560 € in seinem Sparschwein, das sind $\frac{7}{11}$ das Gesamtpreises. Wie viel kostet das Fahrrad?

d) Die Erdoberfläche ist 510 Mio. km^2 groß. Die Oberfläche des Mondes sind $\frac{19}{255}$ davon. Wie groß ist die Oberfläche des Mondes?

e) Würde sich ein Mensch, der 84 kg wiegt, auf dem Mond auf eine Waage stellen würde sie nur 14 kg anzeigen. Welcher Teil des Gewichtes ist das?

üben

Test 3: Aufgaben für Experten

1 Ein Quadrat wurde in verschiedene Teile aufgeteilt. Trage folgende Brüche in die richtige Teilfläche ein. $\frac{1}{4}$; $\frac{1}{8}$; $\frac{1}{16}$; $\frac{1}{32}$; $\frac{1}{48}$; $\frac{1}{64}$

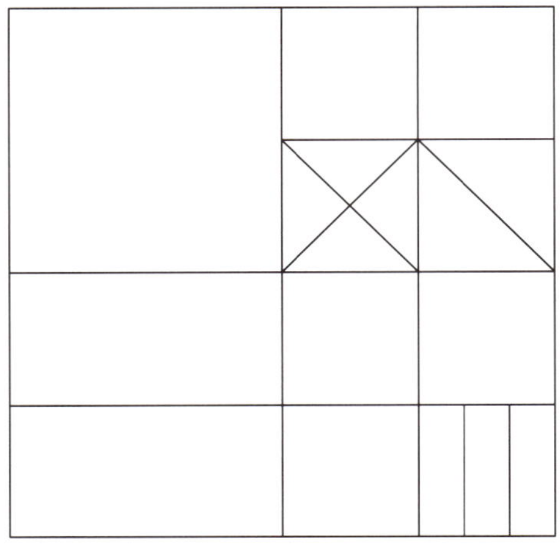

2 Stelle den Bruch als Anteil der Fläche dar.

a) $\frac{1}{4}$ b) $\frac{2}{3}$ c) $\frac{5}{12}$

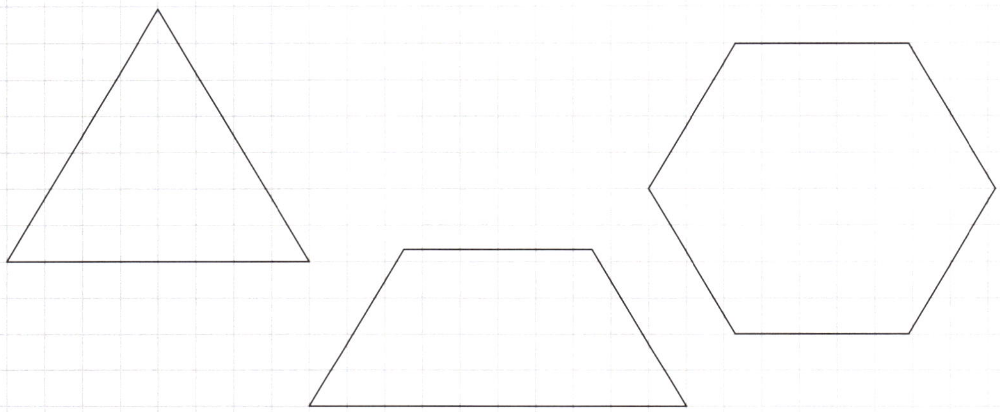

3 $\frac{5}{8}$ eines landwirtschaftlichen Betriebes sind Ackerland. Das entspricht einer Fläche von $31\frac{1}{4}$ ha. Wie viel Hektar gehören insgesamt zu dem Hof?

Klassenarbeit Nr. 2

45 min

können

1 ✷

Beschrifte den Zahlenstrahl.

a)

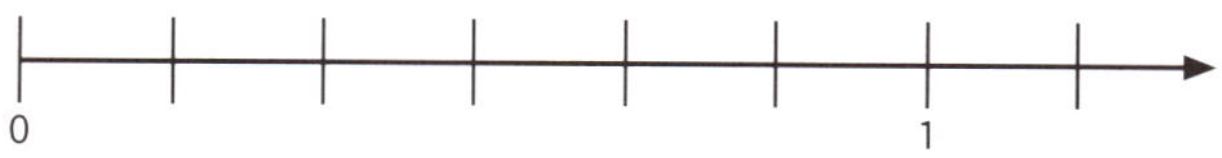

b)

/6

2 ✷✷

Berechne a) $\frac{5}{12}$ von 300 g; b) $\frac{4}{7}$ von 245 €; c) $1\frac{3}{8}$ von 640 km.

/3

3 ✷✷

Herr Fröhlich hat bei einer Lotterie gewonnen.
Einen Teil seines Gewinns überlässt er seinen drei Enkeln.
Ida bekommt $\frac{3}{16}$, David $\frac{1}{6}$ und Hanna $\frac{2}{9}$ des Gewinns.
Wer bekommt am meisten, wer am wenigsten?

/3

können

4 Setze <, > oder = ein.

a) $\frac{4}{5}$ ☐ 80 %   b) $\frac{13}{25}$ ☐ 54 %   c) $\frac{34}{40}$ ☐ 85 %

d) 70 % ☐ $\frac{3}{5}$ e) 63 % ☐ $\frac{5}{8}$ f) 65 % ____ $\frac{17}{25}$

/6

5 Wie viel Prozent der Fläche sind gefärbt?

a)

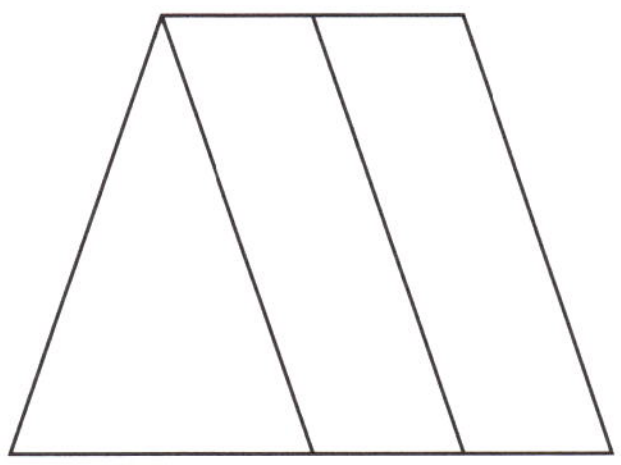

b)

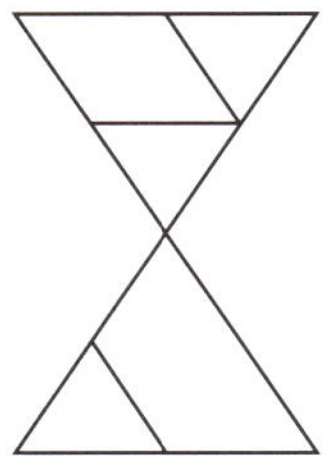

c)

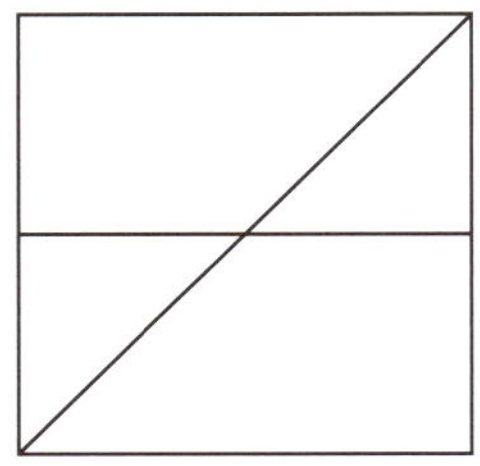

/6

erreichte Punktzahl

/ 24

3 Rechnen mit Bruchzahlen

Brüche addieren und subtrahieren

Gleichnamige Brüche (Brüche mit gleichem Nenner) werden addiert oder subtrahiert, indem man die Zähler addiert oder subtrahiert und den Nenner beibehält. Das Ergebnis sollte, falls möglich, gekürzt und in echte Brüche umgewandelt werden.

Beispiel 1: a) $\frac{1}{8} + \frac{3}{8} = \frac{1+3}{8} = \frac{4}{8} = \frac{\not{4}^{1}}{\not{8}_{2}} = \frac{1}{2}$ b) $\frac{7}{12} - \frac{5}{12} = \frac{7-5}{12} = \frac{\not{2}^{1}}{\not{12}_{6}} = \frac{1}{6}$

Brüche **mit unterschiedlichen Nennern** müssen zuerst auf den Hauptnenner erweitert werden. Anschließend verfährt man wie bei gleichnamigen Brüchen.

Beispiel 2: a) $\frac{1}{2} + \frac{2}{3} = \frac{3}{6} + \frac{4}{6} = \frac{3+4}{6} = \frac{7}{6} = 1\frac{1}{6}$ b) $\frac{11}{12} - \frac{7}{18} = \frac{33}{36} - \frac{14}{36} = \frac{33-14}{36} = \frac{19}{36}$

Enthält die Aufgabe **gemischte Zahlen**, gibt es zwei Möglichkeiten.
1. Möglichkeit: Alle gemischten Zahlen werden in unechte Brüche verwandelt.

Beispiel 3: $3\frac{2}{5} + 4\frac{5}{6} = \frac{17}{5} + \frac{29}{6} = \frac{102}{30} + \frac{145}{30} = \frac{102+145}{30} = \frac{247}{30} = 8\frac{7}{30}$

2. Möglichkeit: Man berechnet die ganzzahligen Anteile und die Brüche getrennt. So werden große Zahlen im Zähler vermieden.

Beispiel 4: $3\frac{2}{5} + 4\frac{5}{6} = (3+4) + \left(\frac{2}{5} + \frac{5}{6}\right) = 7 + \frac{12+25}{30} = 7 + \frac{37}{30} = 7 + 1\frac{7}{30} = 8\frac{7}{30}$

Wenn die Zwischenergebnisse der ganzzahligen und der gebrochenen Anteile **verschiedene Vorzeichen** haben, ist die 1. Methode oft günstiger.

Beispiel 5: $4\frac{1}{8} - 3\frac{3}{8} = (4-3) + \left(\frac{1}{8} - \frac{3}{8}\right) = 1 + \left(-\frac{\not{2}^{1}}{\not{8}_{4}}\right) = 1 - \frac{1}{4} = \frac{3}{4}$,

einfacher wäre: $4\frac{1}{8} - 3\frac{3}{8} = \frac{33}{8} - \frac{27}{8} = \frac{\not{6}^{3}}{\not{8}_{4}} = \frac{3}{4}$

Brüche vervielfachen und aufteilen

Brüche werden mit einer natürlichen Zahl **multipliziert** (vervielfacht), indem man den Zähler mit der Zahl multipliziert und den Nenner beibehält.

Beispiel 6: $3 \cdot \frac{5}{17} = \frac{3 \cdot 5}{17} = \frac{15}{17}$

Brüche werden durch natürliche Zahlen **dividiert** (aufgeteilt), indem man den Nenner mit der Zahl multipliziert und den Zähler beibehält.

Beispiel 7: $\frac{9}{11} : 4 = \frac{9}{11 \cdot 4} = \frac{9}{44}$.

Ist der Zähler ein Vielfaches der Zahl, durch die dividiert werden soll, kann man auch einfach den Zähler durch die Zahl teilen und den Nenner beibehalten.
$\frac{4}{7} : 2 = \frac{4:2}{7} = \frac{2}{7}$.

Brüche multiplizieren

Zwei Brüche werden miteinander **multipliziert**, indem die beiden Zähler und die beiden Nenner miteinander multipliziert werden: $\mathbf{\frac{a}{b} \cdot \frac{c}{d} = \frac{a \cdot c}{b \cdot d}}$.

Beispiel 8: $\frac{4}{7} \cdot \frac{5}{9} = \frac{4 \cdot 5}{7 \cdot 9} = \frac{20}{63}$

Bei der Multiplikation von Brüchen darfst du auch kürzen, ohne die Produkte der Zähler und Nenner auf bzw. unter einen gemeinsamen Bruchstrich zu schreiben.

$\frac{47}{10} \cdot \frac{5}{4} = \frac{47 \cdot \overset{1}{\cancel{5}}}{\underset{2}{\cancel{10}} \cdot 4} = \frac{47}{8} = 5\frac{7}{8}$ oder

$\frac{47}{\underset{2}{\cancel{10}}} \cdot \frac{\overset{1}{\cancel{5}}}{4} = \frac{47 \cdot 1}{2 \cdot 4} = \frac{47}{8} = 5\frac{7}{8}$

Die Brüche sollten, falls möglich, **zunächst gekürzt** werden.

Beispiel 9: a) $\frac{3}{11} \cdot \frac{6}{7} = \frac{3 \cdot 6}{11 \cdot 7} = \frac{18}{77}$ b) $\frac{6}{13} \cdot \frac{5}{8} = \frac{6 \cdot 5}{13 \cdot 8} = \frac{\overset{3}{\cancel{6}} \cdot 5}{13 \cdot \underset{4}{\cancel{8}}} = \frac{3 \cdot 5}{13 \cdot 4} = \frac{15}{52}$

Gemischte Zahlen werden zunächst in unechte Brüche umgewandelt.

Beispiel 10: a) $\left(4\frac{2}{3}\right) \cdot \frac{9}{14} = \frac{14}{3} \cdot \frac{9}{14} = \frac{\overset{1}{\cancel{14}} \cdot \overset{3}{\cancel{9}}}{\underset{1}{\cancel{3}} \cdot \underset{1}{\cancel{14}}} = \frac{1 \cdot 3}{1 \cdot 1} = \frac{3}{1} = 3$

b) $2\frac{2}{3} \cdot 3\frac{3}{4} = \frac{8}{3} \cdot \frac{15}{4} = \frac{\overset{2}{\cancel{8}} \cdot \overset{5}{\cancel{15}}}{\underset{1}{\cancel{3}} \cdot \underset{1}{\cancel{4}}} = \frac{2 \cdot 5}{1 \cdot 1} = \frac{10}{1} = 10$

Brüche dividieren

Zwei Brüche werden durcheinander **dividiert**, indem man den ersten Bruch mit dem Kehrwert des zweiten Bruches multipliziert: $\frac{a}{b} : \frac{\mathbf{c}}{\mathbf{d}} = \frac{a}{b} \cdot \frac{\mathbf{d}}{\mathbf{c}} = \frac{a \cdot d}{b \cdot c}$

Beispiel 11: a) $\frac{3}{8} : \frac{7}{12} = \frac{3}{\underset{2}{\cancel{8}}} \cdot \frac{\overset{3}{\cancel{12}}}{7} = \frac{3 \cdot 3}{2 \cdot 7} = \frac{9}{14}$ b) $2\frac{1}{2} : 5\frac{5}{8} = \frac{5}{2} : \frac{45}{8} = \frac{\overset{1}{\cancel{5}}}{\underset{1}{\cancel{2}}} \cdot \frac{\overset{4}{\cancel{8}}}{\underset{9}{\cancel{45}}} = \frac{1 \cdot 4}{1 \cdot 9} = \frac{4}{9}$

Bei **Doppelbrüchen** wird der Hauptbruchstrich als Divisionszeichen „ : “ geschrieben. Gemischte Zahlen werden in unechte Brüche verwandelt.

Beispiel 12: $\frac{4\frac{7}{10}}{\frac{4}{5}} = 4\frac{7}{10} : \frac{4}{5} = \frac{47}{\underset{2}{\cancel{10}}} \cdot \frac{\overset{1}{\cancel{5}}}{4} = \frac{47 \cdot 1}{2 \cdot 4} = \frac{47}{8} = 5\frac{7}{8}$

Wenn du diese Regeln kannst, dann vermeidest du nicht nur Fehler, sondern kannst dir manche Rechnungen auch vereinfachen (s. Beispiel 14 und 15).

Rechenregeln

Für das Rechnen mit Brüchen gelten
- alle Regeln („Punkt-vor-Strich“, „Klammer zuerst“) und
- Gesetze (Kommutativgesetz, Assoziativgesetz, Distributivgesetz), die du schon von den natürlichen Zahlen ($\mathbb{N}$) aus der 5. Klasse kennst.

Beispiel 13: Punkt- vor Strichrechnung

$\frac{7}{12} - \frac{2}{3} \cdot \frac{4}{5} = \frac{7}{12} - \frac{8}{15} = \frac{35 - 32}{60} = \frac{\overset{1}{\cancel{3}}}{\underset{20}{\cancel{60}}} = \frac{1}{20}$

Beispiel 14: Klammer zuerst

$\frac{2}{3} \cdot \left(\frac{4}{5} - \frac{7}{12}\right) = \frac{2}{3} \cdot \frac{48 - 35}{60} = \frac{2}{3} \cdot \frac{13}{60} = \frac{\overset{1}{\cancel{2}} \cdot 13}{3 \cdot \underset{30}{\cancel{60}}} = \frac{1 \cdot 13}{3 \cdot 30} = \frac{13}{90}$

Beispiel 15: Distributivgesetz

$\frac{9}{10} \cdot \left(\frac{15}{18} - \frac{5}{12}\right) = \frac{\cancel{9}}{\underset{2}{\cancel{10}}} \cdot \frac{\overset{3}{\cancel{15}}}{\underset{2}{\cancel{18}}} - \frac{\overset{3}{\cancel{9}}}{\underset{2}{\cancel{10}}} \cdot \frac{\overset{1}{\cancel{5}}}{\underset{4}{\cancel{12}}} = \frac{1 \cdot 3}{2 \cdot 2} - \frac{3 \cdot 1}{2 \cdot 4} = \frac{3}{4} - \frac{3}{8} = \frac{6 - 3}{8} = \frac{3}{8}$

Test 1: Brüche addieren und subtrahieren

1 Berechne, kürze und gib, wo möglich, als gemischte Zahl an.

a) $\frac{11}{14} + \frac{9}{14} =$ ____________

b) $\frac{17}{18} - \frac{5}{18} =$ ____________

c) $\frac{7}{8} + \frac{7}{12} =$ ____________

d) $\frac{14}{15} - \frac{9}{10} =$ ____________

2 Berechne so, dass möglichst keine großen Zahlen auftreten.

a) $1\frac{4}{5} + 3\frac{3}{5} =$ ____________

b) $3\frac{5}{7} - 2\frac{3}{7} =$ ____________

c) $4\frac{5}{6} - 2\frac{7}{9} =$ ____________

d) $5\frac{5}{12} - 3\frac{7}{9} =$ ____________

3 Gib das Ergebnis in der vorgegebenen Maßeinheit an.

a) $\frac{1}{2}$ m + 10 cm = ____________ m

b) $\frac{3}{4}$ h − 25 min = ____________ h

c) $4\frac{1}{4}$ kg − 600 g = ____________ kg

4 Verkleinere die Summe aus $2\frac{4}{9}$ und $6\frac{13}{15}$ um $3\frac{1}{5}$.

5 Ergänze die beiden Rechenbäume.
(Nimm ein Blatt für eventuelle Nebenrechnungen.)

a)

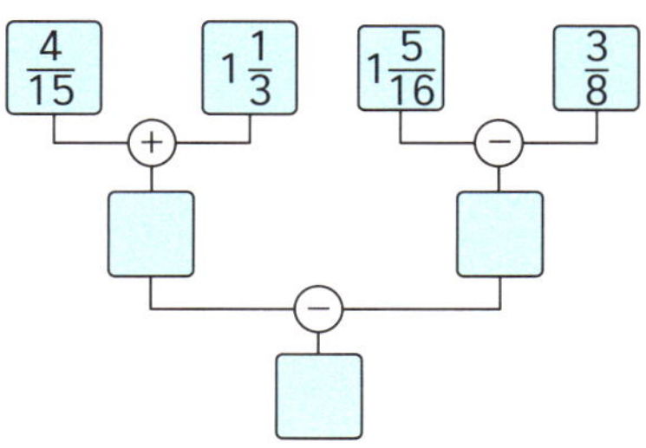

b)

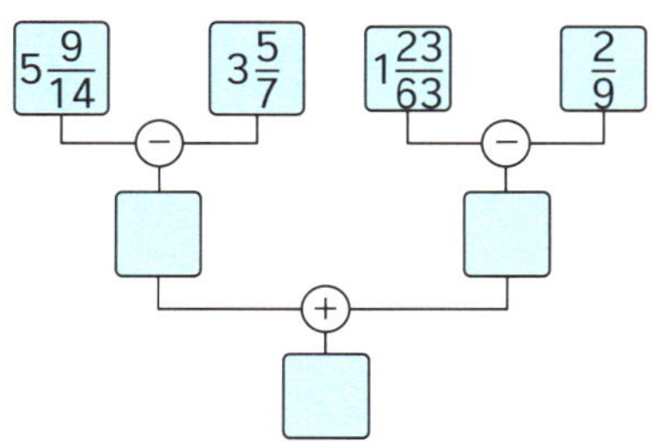

üben

Test 2: Brüche multiplizieren und dividieren

1 Berechne.

a) $\frac{4}{9} \cdot \frac{18}{16} =$ ______

b) $\frac{7}{11} \cdot \frac{33}{35} =$ ______

c) $\frac{12}{21} \cdot \frac{14}{30} =$ ______

d) $12 \cdot \frac{7}{4} =$ ______

2 Bestimme alle Produkte.

		2. Faktor			
		$\frac{3}{10}$	$\frac{8}{21}$	12	$2\frac{2}{35}$
1. Faktor	$\frac{5}{6}$				
	$1\frac{5}{9}$				

3 Berechne alle

a) Produkte

·	$\frac{2}{5}$	$\frac{5}{6}$	$\frac{7}{20}$	$\frac{11}{12}$
3				
7				

b) Quotienten

:	3	2	6	11
$\frac{4}{9}$				
$\frac{8}{15}$				

4 Kontrolliere Leons Hausaufgaben. Korrigiere, wenn nötig, das Ergebnis.

a) $\frac{4}{7} \cdot \frac{3}{5} = \frac{12}{35}$

b) $\frac{2}{3} \cdot 12 = \frac{24}{36}$

c) $15 : \frac{30}{4} = 3$

d) $3\frac{6}{7} \cdot \frac{14}{54} = 1$

e) $4\frac{3}{5} : \frac{6}{10} = 7\frac{2}{3}$

f) $2\frac{7}{8} : 5\frac{1}{4} = \frac{23}{41}$

Test 3: Aufgaben für Experten

1 Die nebenstehende Zeichnung stellt eine Divisionsaufgabe dar. Notiere die beiden Möglichkeiten, diese Divisionsaufgabe zu berechnen, berechne dann beide Aufgaben. Was stellst du fest?

2 Teile $6\frac{1}{9}$ durch die Differenz aus dieser Zahl und $2\frac{3}{4}$, multipliziere dann den Quotienten mit der Summe aus $\frac{9}{40}$ und $\frac{3}{16}$.

3 An den Ecken einer rechteckigen Pappe schneidest du vier gleich große Quadrate aus. Jetzt kannst du die überstehenden Teile entlang der Falzkanten hochklappen. Du erhältst eine oben offene Schachtel. Welcher Bruchteil der Kartonfläche wurde als Abfall herausgeschnitten?
Leite den entsprechenden Bruchterm her, berechne ihn und erkläre dein Ergebnis.

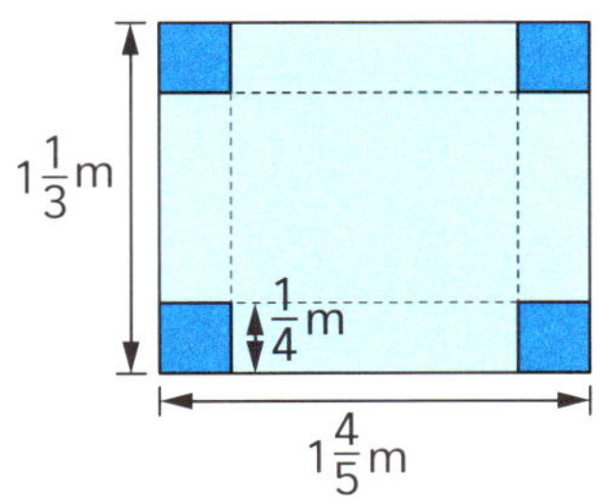

Klassenarbeit Nr. 3

45 min

können

1 Berechne.

a) $\frac{1}{2} + \frac{3}{4} + \frac{5}{8} =$ ______

b) $\frac{2}{3} + \frac{1}{2} + \frac{5}{6} =$ ______

c) $\frac{5}{6} + \frac{2}{3} + \frac{1}{12} =$ ______

d) $\frac{4}{5} - \frac{1}{4} - \frac{3}{20} =$ ______

e) $\frac{7}{8} - \frac{3}{24} - \frac{1}{12} =$ ______

f) $\frac{5}{7} + \frac{8}{21} - \frac{5}{14} =$ ______

/6

2 Ergänze so, dass die Rechnung stimmt.

a) $\frac{\square}{3} \cdot \frac{5}{7} = \frac{10}{21}$ b) $\frac{1}{9} \cdot \frac{5}{\square} = \frac{5}{72}$ c) $\frac{6}{18} \cdot \square = 12$

d) $\frac{8}{17} : 4 = \frac{\square}{17}$ e) $\frac{3}{5} : \frac{\square}{7} = \frac{21}{10}$ f) $\frac{7}{25} : \frac{4}{\square} = 21\,\%$

/3

3 Ergänze die beiden Rechenbäume.

a)
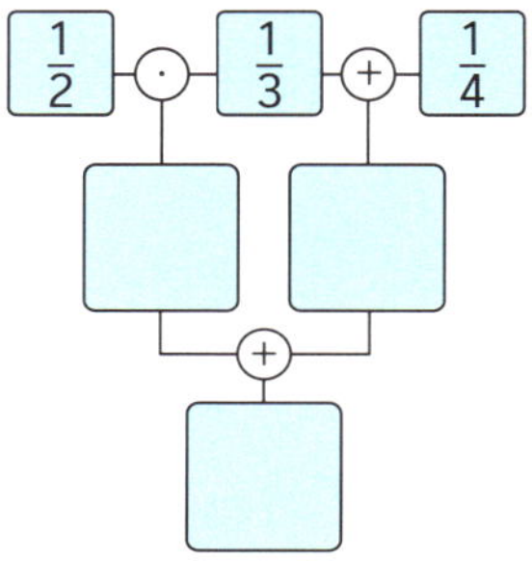

b)
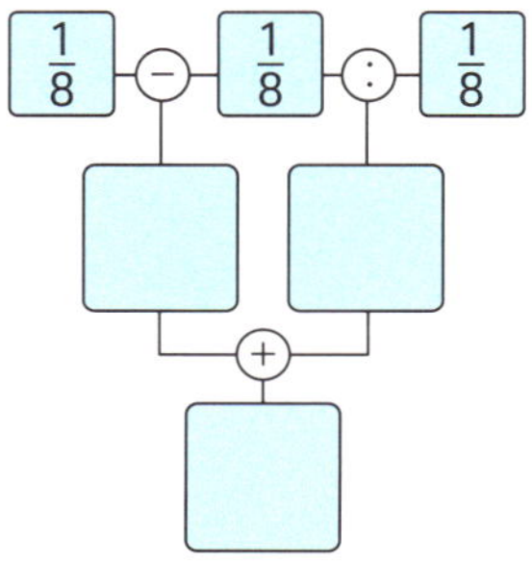

/6

4 Berechne.

a) $7 \cdot \frac{5}{8} =$ ______

b) $12 \cdot \frac{3}{36} =$ ______

c) $\frac{3}{14} : 6 =$ ______

d) $\frac{21}{34} : 7 =$ ______

/4

können

5 Berechne. Kürze das Ergebnis, wenn möglich, oder schreibe es in eine gemischte Zahl um.

a) $\frac{2}{5}+\frac{3}{7}$ b) $\frac{2}{8}+\frac{1}{6}-\left(\frac{1}{12}+\frac{1}{3}\right)$ c) $2\frac{3}{4}+3\frac{2}{5}$ d) $7\frac{2}{9}-\left(3\frac{5}{27}-2\frac{3}{81}\right)$

/4

6 Berechne. Denke daran, zu kürzen.

a) $\frac{2}{9}\cdot\frac{27}{36}$ b) $\frac{4}{7}\cdot 3\cdot\frac{1}{8}$ c) $\frac{25}{78}:\frac{75}{13}$ d) $1\frac{13}{14}:4\frac{2}{7}$

/4

erreichte Punktzahl

/ 27

verstehen

4 Kreise und Winkel

Kreise

Auf einem Kreis liegen alle Punkte, die von einem vorgegebenen Punkt **M**, dem **Mittelpunkt**, den gleichen Abstand, den **Radius r**, haben. Ob ein Punkt außerhalb, auf oder in einem Kreis liegt, hängt von seiner Entfernung zum Mittelpunkt und dem Radius ab. Für einen Punkt außerhalb gilt $d(P, M) > r$ (lies: der Abstand d zwischen P und M ist größer als der Radius r), für einen Punkt auf dem Kreis $d(P, M) = r$ und für einen Punkt innerhalb des Kreises $d(P, M) < r$.
Eine Strecke, die zwei Punkte auf dem Kreis verbindet und durch den Mittelpunkt geht, heißt **Durchmesser d.** Der Durchmesser ist doppelt so lang wie der Radius.

Beispiel 1: Gegeben ist ein Kreis mit dem Mittelpunkt M und dem Radius $r = 2\,cm$ sowie die Punkte A, B und C.
Es gilt: $d(A, M) = 3\,cm$;
$d(B, M) = 2\,cm$; $d(C, M) = 1{,}5\,cm$.

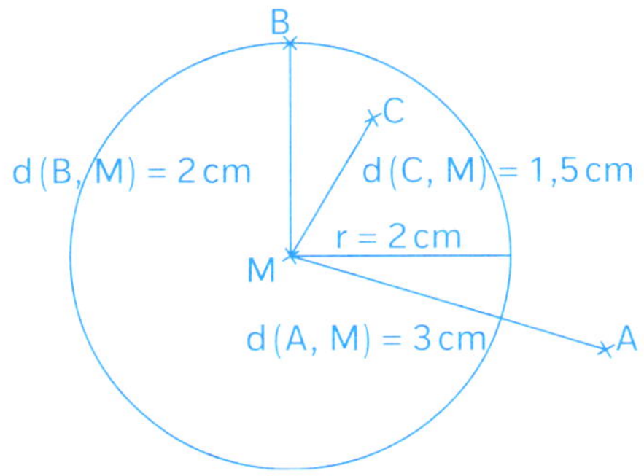

Beispiel 2: Zeichne einen Kreis im Quadratgitter mit dem Mittelpunkt M(4/5) und dem Radius r = 3 cm. Gib die Koordinaten von 4 Punkten A, B, C und D an, die auf dem Kreis liegen.

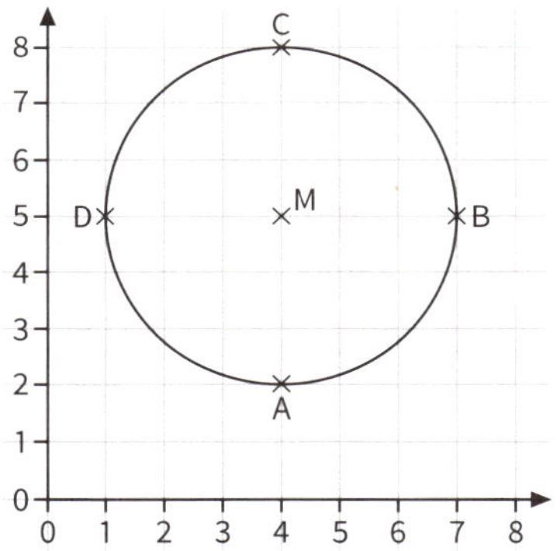

A(4|2); B(7|5); C(4|8); D(1|5)

Kreisausschnitt

Begrenzen zwei Punkte ein Stück des Kreises, heißt dieses Stück **Kreisbogen.** Ein von zwei Radien und einem Kreisbogen begrenztes Stück der Kreisfläche nennt man **Kreisausschnitt.**

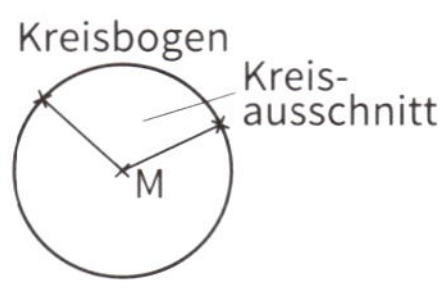

Winkel

Winkel entstehen, wenn sich zwei Geraden schneiden, zwei Strahlen (Halbgeraden) einen gemeinsamen Anfangspunkt haben oder Strecken um einen Punkt gedreht werden.

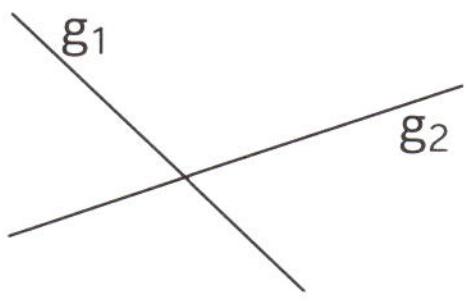

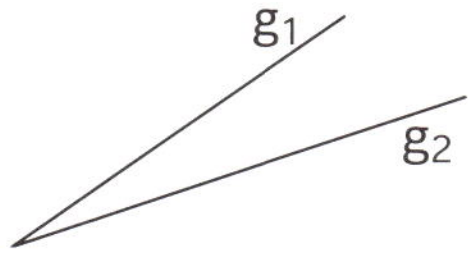

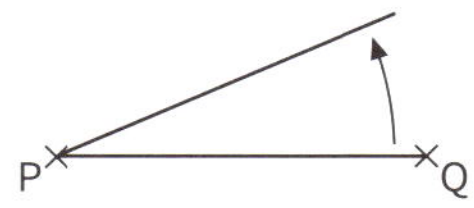

Die beiden Strahlen eines Winkels nennt man die **Schenkel** und den Anfangspunkt **Scheitel**.

Es gibt drei verschiedene Bezeichnungsweisen für Winkel:

1. Mit einem kleinen griechischen Buchstaben (α, β, γ, δ ...), in geometrischen Figuren (Dreieck, Viereck ...) passend zum Scheitel (α in Punkt A, β in B etc.),
2. mit den beiden Schenkeln (∡ (erster Schenkel, zweiter Schenkel)), oder
3. mit dem Scheitelpunkt und je einem Punkt auf den Schenkeln (∡ P_1SP_2; Scheitel steht immer in der Mitte).

Es ist ganz wichtig, daran zu denken, dass der mathematische Drehsinn entgegengesetzt zum Uhrzeigersinn ist. Winkel werden in Grad gemessen (ein Kreis hat 360°).

Beispiel 3: Gib mehrere Bezeichnungsmöglichkeiten für folgende Winkel an.

a)

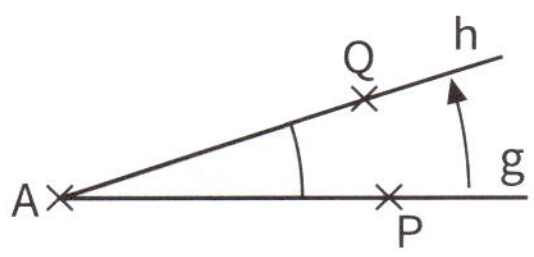

- α
- ∡ (g,h)
- ∡ PAQ

b)

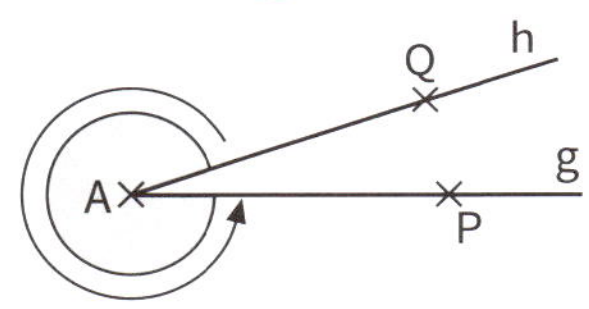

- α
- ∡ (h,g)
- ∡ QAP

Je nach Größenbereich unterscheidet man die folgenden **Winkelarten**:

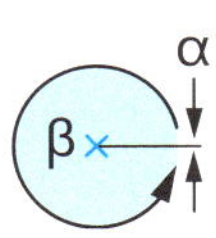 Nullwinkel α = 0° Vollwinkel β = 360°	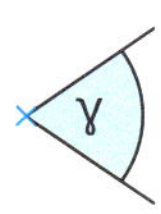 spitzer Winkel 0° < γ < 90°	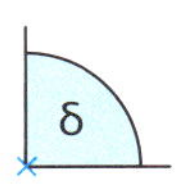 rechter Winkel δ = 90°
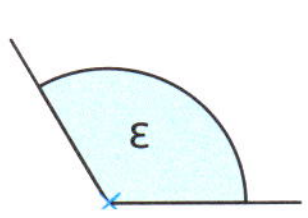 stumpfer Winkel 90° < ε < 180°	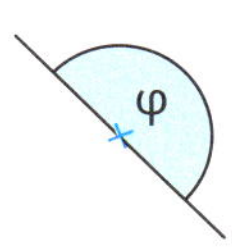 gestreckter Winkel φ = 180°	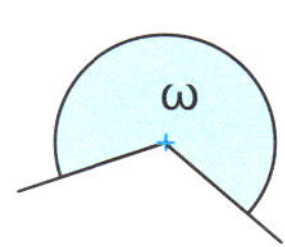 überstumpfer Winkel 180° < ω < 360°

Die am häufigsten für Winkel verwendeten griechischen Kleinbuchstaben sind:
α – Alpha
β – Beta
γ – Gamma
δ – Delta
ε – Epsilon
φ – Phi
ω – Omega
Rechte Winkel werden oft mit folgendem Symbol dargestellt: ⊾

verstehen

Beispiel 4: Trage in nachfolgender Zeichnung die Winkel α, β, γ, δ an die richtige Stelle ein und gib jeweils an, um welche Winkelart es sich handelt.

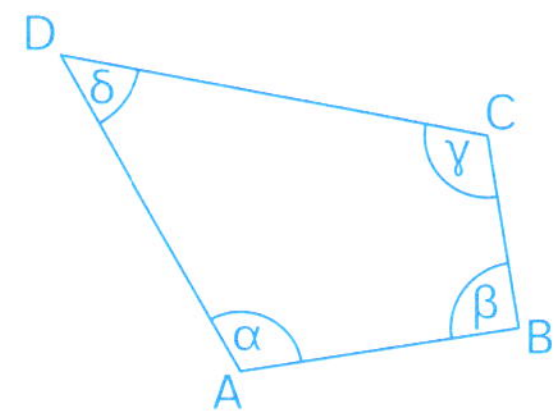

α: stumpfer Winkel β: rechter Winkel

γ: stumpfer Winkel δ: spitzer Winkel

Winkel zeichnen und messen

Winkel zeichnet und misst man mit dem **Geodreieck**. Das Geodreieck hat zwei Winkelskalen, eine innere und eine äußere. Dadurch hast du immer zwei Möglichkeiten, wie du Winkel zeichnen oder messen kannst.

Beispiel 5: Zeichne einen Winkel mit 30°.

Möglichkeit a:

① Schenkel zeichnen.

② Geodreieck von unten mit dem Nullpunkt im Scheitel anlegen und im mathematischen Drehsinn so weit drehen, bis der erste Schenkel in der inneren Skala auf 30° steht,

③ dann den zweiten Schenkel zeichnen.

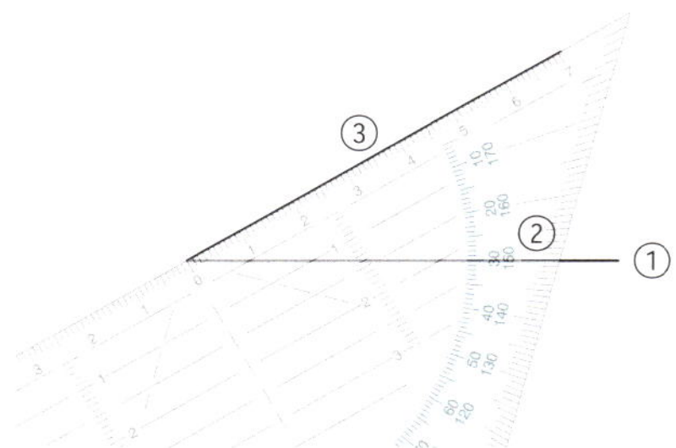

Möglichkeit b:

① Schenkel zeichnen.

② Geodreieck von oben mit dem Nullpunkt an den Scheitel anlegen und bei 30° auf der äußeren Skala einen Punkt P markieren.

③ Zweiten Schenkel durch den Scheitel und den Punkt P ziehen.

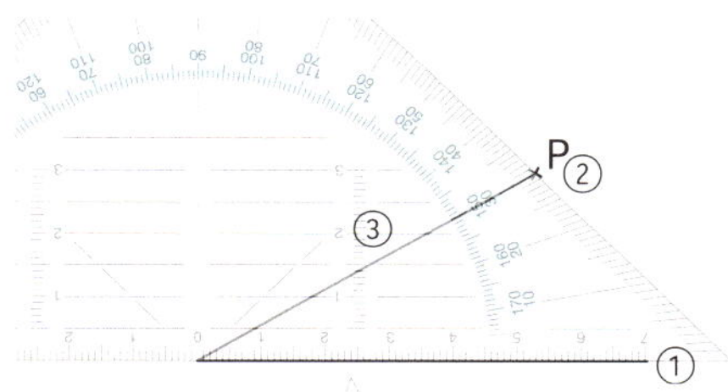

Beispiel 6: Miss den gegebenen Winkel.

Möglichkeit a: Geodreieck von unten mit dem Nullpunkt im Scheitel an den ersten Schenkel anlegen und soweit drehen, bis es auf dem zweiten Schenkel liegt. Winkel auf der inneren Skala ablesen.

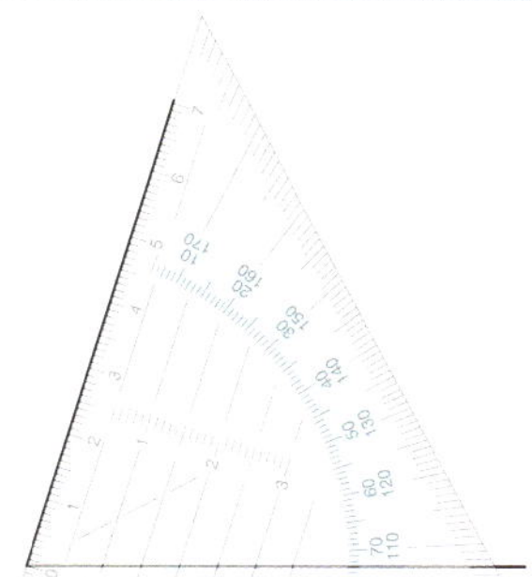

Möglichkeit b: Geodreieck von oben mit dem Nullpunkt im Scheitel auf den ersten Schenkel legen. Anschließend schauen, wo der zweite Schenkel die äußere Skala trifft und Winkel ablesen.

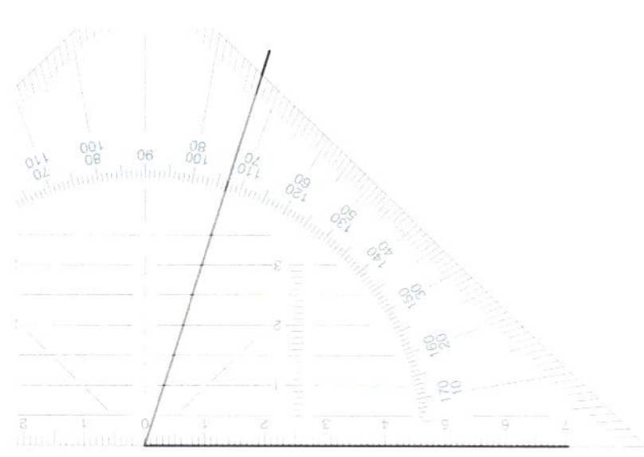

Lösung: Der Winkel misst 73°.

Manchmal musst du die Schenkel eines Winkels erst verlängern, ehe du Winkel messen kannst. Überstumpfe Winkel, also solche die größer sind als 180°, kannst du zeichnen, indem du ausrechnest wie viel du zu den 180° des Geodreiecks dazuzählen, bzw. wie viel du von 360° (Vollwinkel) abziehen musst, um auf den gesuchten Winkel zu kommen.

Beispiel 7: Zeichne einen Winkel mit 317°

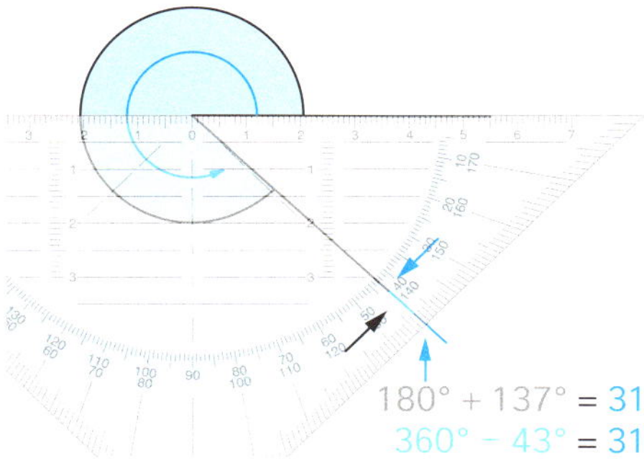

Winkel an Geradenkreuzungen

Wenn sich zwei Geraden g und h schneiden, entstehen vier Winkel (α, β, γ und δ), die zusammen den Vollwinkel ergeben. Es gilt also $\alpha + \beta + \gamma + \delta = 360°$. Winkel die nebeneinander liegen nennt man **Nebenwinkel** (α und β oder γ und δ).
Sie ergeben zusammen einen gestreckten Winkel, also 180°.
Winkel die sich gegenüberliegen nennt man **Gegenwinkel** oder **Scheitelwinkel** (α und γ oder β und δ). Sie sind immer gleich groß.

α und β = Nebenwinkel — α und γ = Gegenwinkel/Scheitelwinkel
$30° + 150° = 180°$ — $\alpha = \gamma = 30°$
γ und δ = Nebenwinkel — β und δ = Gegenwinkel/Scheitelwinkel
$30° + 150° = 180°$ — $\beta = \delta = 150°$

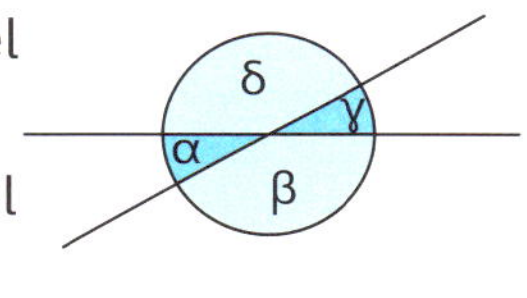

Beispiel 8: An folgender Geradenkreuzung gilt $\alpha = 65°$.
Gib die Größen der anderen Winkel an und begründe deine Rechnung.
$\gamma = 65°$ (Scheitelwinkel zu α).
$\beta = 180° - \alpha = 115°$ (Nebenwinkel).
$\delta = 115°$ (Scheitelwinkel zu β).

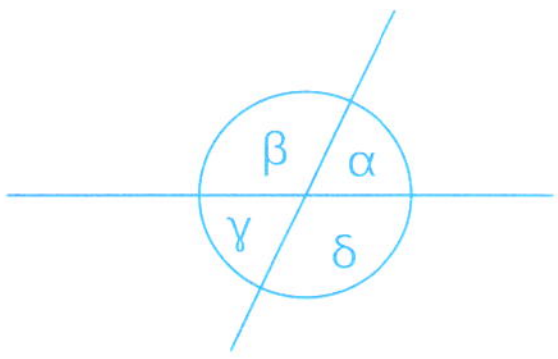

Werden zwei parallele Geraden g und h von einer dritten Geraden i geschnitten sind die Schnittwinkel zwischen den Geraden g und i (α_1, β_1, γ_1, δ_1) gleich groß wie die entsprechenden Winkel zwischen h und i (α_2, β_2, γ_2, δ_2). Die Winkel, die auf der gleichen Seite von i und sich entsprechenden Seiten von g und h liegen nennt man **Stufenwinkel**. Sie sind gleich groß (α_1 und α_2, β_1 und β_2...).
Die Winkel, die auf unterschiedlichen Seiten von i und **nicht** auf sich entsprechenden Seiten von g und h liegen, nennt man **Wechselwinkel**. Auch sie sind gleich groß (α_1 und γ_2, β_1 und δ_2...).

Beispiel 9: Gib alle Winkelgrößen an und begründe deine Entscheidung.
$\beta_1 = 140°$ (Nebenwinkel von α_1)
$\alpha_2 = 40°$ (Stufenwinkel von α_1)
$\gamma_2 = 40°$ (Wechselwinkel von α_1)
$\delta_2 = 140°$ (Wechselwinkel von β_1)

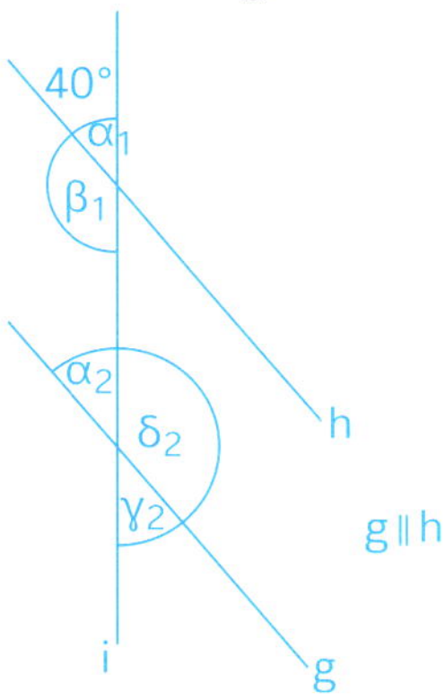

üben

Test 1: Kreise und Kreisausschnitte

1 ✱

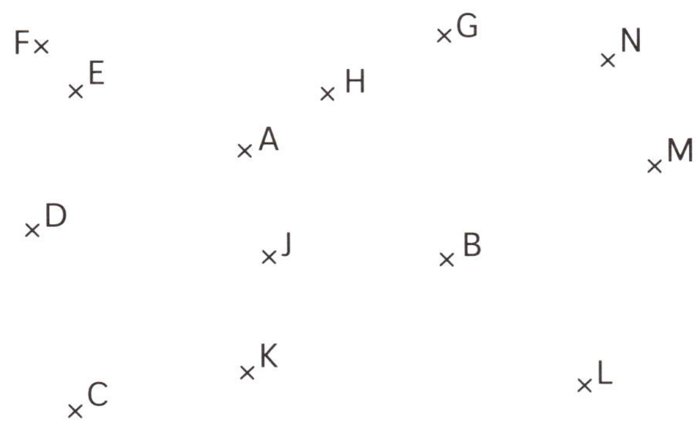

a) Zeichne um B einen Kreis K_1 mit dem Radius $r = \overline{BA}$.
Welche Punkte liegen innerhalb von K_1, auf K_1 und außerhalb von K_1?

b) Zeichne nun um A den Kreis K_2 mit demselben Radius $r = \overline{AB}$.
Welche Punkte ...

(1) sind von A und B weniger weit als r entfernt? ______________________

(2) haben von A und B genau den Abstand r? ______________________

(3) sind von A weiter als r und von B weniger weit als r entfernt? __________

(4) sind von A weniger weit als r und von B weiter als r entfernt? __________

(5) sind von A und B weiter als r entfernt? ______________________

2 ✱✱✱

Welche Punkte haben mindestens den Abstand $r_1 = 1\,\text{cm}$ und höchstens den Abstand $r_2 = 2\,\text{cm}$ von einem Punkt M? Gib deine Lösung mithilfe einer Zeichnung an.

3 ✷ Zeichne den Kreis mit dem Mittelpunkt M und dem Radius r (oder Durchmesser d) in das nebenstehende Quadratgitter.

a) M(3|7); r = 3 cm

b) M(8|3); d = 4 cm

4 ✷✷ Ergänze die Zeichnung aus Aufgabe 3 so, dass

a) im größeren Kreis ein Kreisausschnitt von $\frac{3}{4}$ der Kreisfläche entsteht.

b) im kleineren Kreis ein Kreisausschnitt von $\frac{2}{4}$ der Kreisfläche entsteht.

5 ✷✷ Zeichne einen Kreis mit dem Radius $r = 4\,cm$. Markiere anschließend einen beliebigen Punkt auf dem Kreis. Trage von diesem Punkt aus mit dem Zirkel den Radius auf dem Kreis ab.

a) Wie oft kannst du den Radius abtragen?

b) Verbinde die Punkte nacheinander miteinander. Was für eine Figur entsteht?

üben

Test 2: Winkel und Winkelarten

1 Bestimme die Winkelart und gib mögliche Bezeichnungen an.

a)

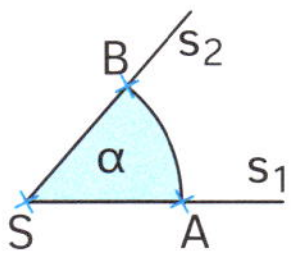

Winkelart: ______________________

Bezeichnungen: ______________________

b)

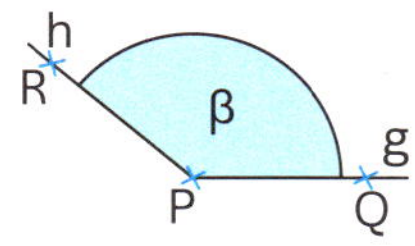

Winkelart: ______________________

Bezeichnungen: ______________________

c)

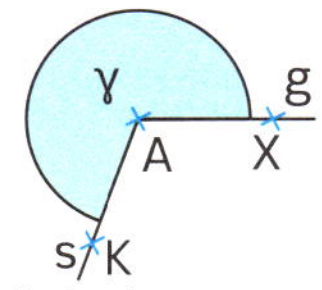

Winkelart: ______________________

Bezeichnungen: ______________________

2 Zeichne Winkel, die folgende Eigenschaften haben.

a) $\alpha = 90°$

b) $\measuredangle (a,b)$ ist ein spitzer Winkel

c) $180° < \measuredangle ABC < 360°$

3 $\alpha = 45°$ ist gegeben. Berechne β, γ sowie δ und bestimme die Winkelart:

a) $\beta = \alpha + 135° =$ ______ ______________________

b) $\gamma = 2 \cdot \alpha =$ ______ ______________________

c) $\delta = 4 \cdot \alpha - 30° =$ ______ ______________________

4 Berechne die fehlenden Winkelgrößen.

$\alpha =$ ______________________ = ____________

$\beta =$ ______________________

$\gamma =$ ______________________

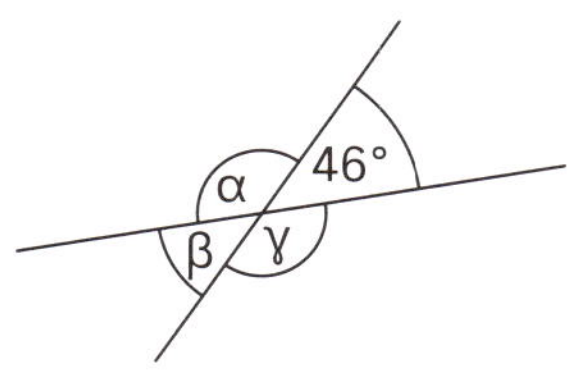

5 Wie groß sind die Winkel?

$\delta =$ ______________________

$\beta =$ ______________________

$\alpha =$ ______________________

$\gamma =$ ______________________

$\varepsilon =$ ______________________

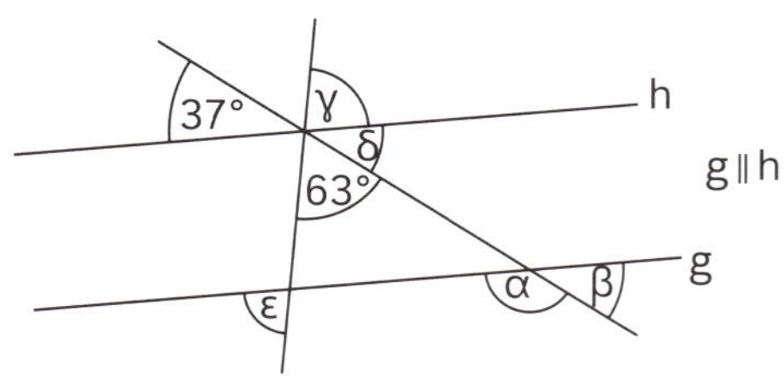

Test 3: Winkel messen und zeichnen

üben

1 Zeichne jeweils eine Uhrzeit ein, bei der die beiden Zeiger den angegebenen Winkel einschließen, und gib, falls möglich, noch eine weitere Uhrzeit an. Der Minutenzeiger soll immer bei einer Stundenziffer stehen.

a) $\alpha = 60°$

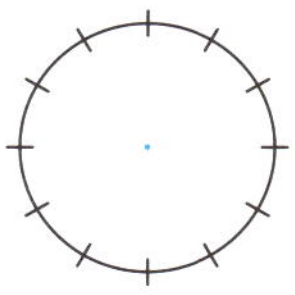

____

b) $\beta = 120°$

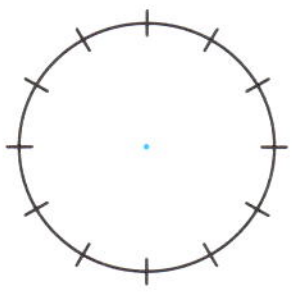

____

c) $\gamma = 165°$

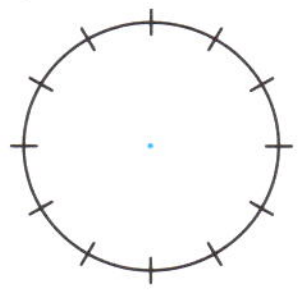

____

2 Zeichne die Winkel und gib an um welche Winkelart es sich handelt.

a) $\alpha = 38°$ ______________ b) $\beta = 123°$ ______________ c) $\gamma = 200°$ ______________ d) $\delta = 333°$ ______________

3 Miss die Innenwinkel des Vierecks. Mach anschließend die Probe (alle Innenwinkel addiert müssen 360° ergeben).

α = ______________ β = ______________

γ = ______________ δ = ______________

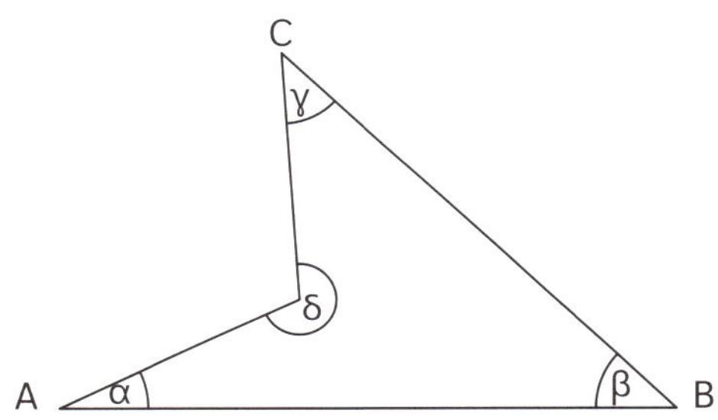

4 a) Trage die Geraden g_1 durch A und B, h_1 durch B und C und k_1 durch C und A ein, und bestimme folgende Winkelgrößen:

$\alpha = \measuredangle(BAC) =$ ______________

$\beta = \measuredangle(CBA) =$ ______________

$\gamma = \measuredangle(ACB) =$ ______________

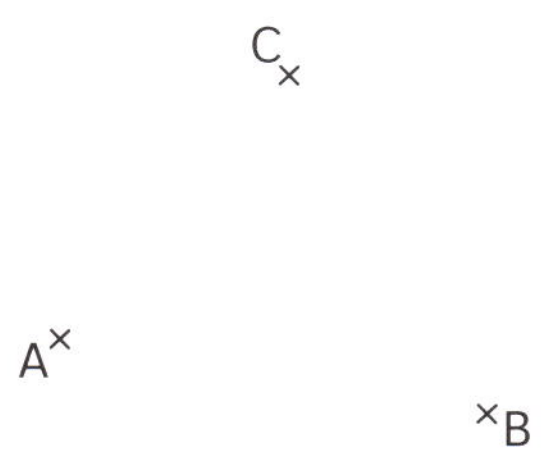

b) Zeichne die Geraden g_2 parallel zu g_1 durch C, h_2 parallel zu h_1 durch A und k_2 parallel zu k_1 durch B, und stelle durch Ausmessen fest, ob und wo die Winkel α, β und γ in dem so entstandenen Dreieck erneut auftreten.

Test 4: Aufgaben für Experten

1 Die Stadt Ahausen soll mit dem neuen Behördenfunk Tetra ausgestattet werden. Dazu sind drei neue Funkmasten geplant. Prüfe, ob durch die gewählten Standorte eine lückenlose Funkverbindung gewährleistet ist, wenn der Mast 1 eine Reichweite von 5 km, der Mast 2 eine von 6 km und der Mast 3 eine Reichweite von 4,5 km hat. (1 cm ≙ 1 km)

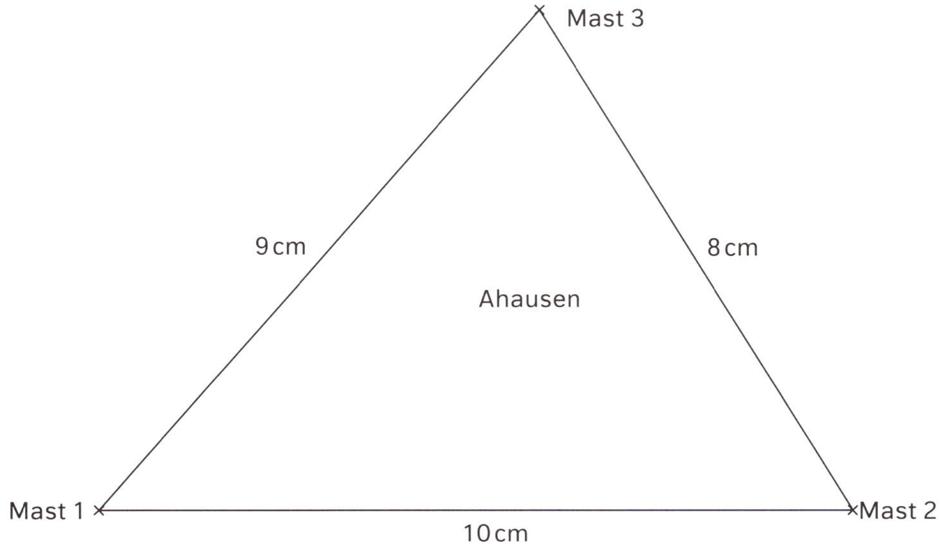

2 Tobias wettet: „Ich kann auf dem Schulhof einen Kreis zeichnen, der einen Radius von 2,5 m hat, obwohl es keinen so großen Zirkel gibt“.
Erkläre, wie er das schaffen kann.

____

____

____

____

3 Sandra behauptet: „Ich kann jeden Winkel nur mithilfe von Zirkel und Lineal, also ohne Benutzung einer Winkelskala, verdoppeln!“ Zeige am gegebenen Winkel, wie sie das wohl macht, und erläutere die Vorgehensweise.

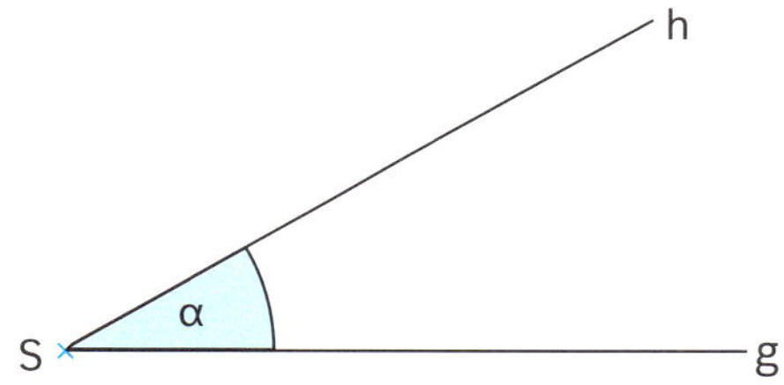

4 In jedem Dreieck ergibt die Summe der drei Innenwinkel 180°.
Es gilt: $\alpha + \beta + \gamma = 180°$.
Beweise die Richtigkeit des Satzes mithilfe der Zeichnung.

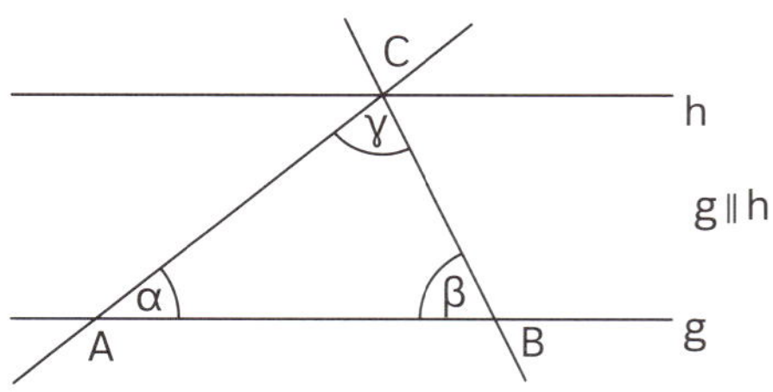

Klassenarbeit Nr. 4

45 min

können

1 Zeichne einen Kreis mit dem Mittelpunkt M und dem Radius $r = 3\,\text{cm}$.

×M

a) Für die drei Punkte A, B und C gilt: $d(A, M) = 2{,}8\,\text{cm}$; $d(B, M) = 5{,}4\,\text{cm}$ und $d(C, M) = 3\,\text{cm}$. Beschreibe die Lage der drei Punkte ohne zu zeichnen.

____

b) Markiere auf dem Kreis zwei Punkte so, dass die direkte Verbindung der beiden Punkte dem Durchmesser des Kreises entspricht.

c) Färbe den zu b) gehörenden Kreisausschnitt an und gib drei verschiedene Bruchteile an, die diesem Kreisausschnitt entsprechen.

/6

2 Zeichne die Winkel und gib die Winkelart an.

a) $\alpha = 25°$ b) $\beta = 97°$ c) $\gamma = 265°$

/3

3 Wie groß ist der kleinere Winkel zwischen den beiden Uhrzeigern, wenn die folgenden Uhrzeiten angezeigt werden?

a) 3:00 Uhr b) 7:00 Uhr c) 14:30 Uhr d) 20:30 Uhr

__________ __________ __________ __________

/4

können

/4

/3

/10

4 Trage die Winkel β, γ und δ in allen möglichen Positionen ein, wenn gilt:
β ist Nebenwinkel von α
γ ist Stufenwinkel von α
δ ist Wechselwinkel von α

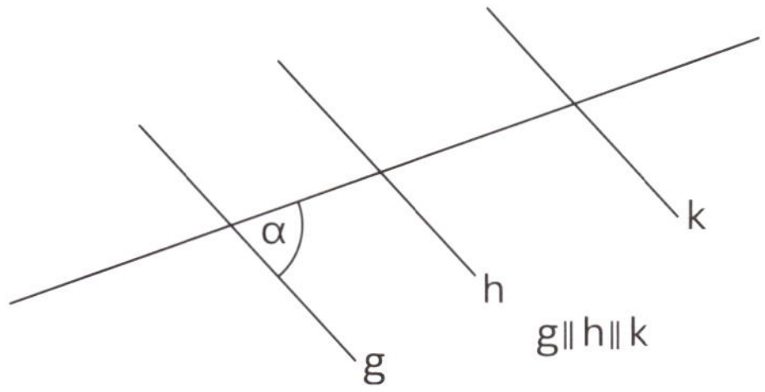

5 Um welchen Winkel müssen wir den Stundenzeiger unserer Uhr verstellen, wenn wir nach Portugal (– 1h im Vergleich zu Deutschland), bzw. nach Los Angeles fliegen? Löse rechnerisch oder durch zeichnen und messen.

6 Berechne die fehlenden Winkelgrößen.

a) α = ______
β = ______
γ = ______
δ = ______

b) α = ______
β = ______
γ = ______
δ = ______
ε = ______
φ = ______

zu a)

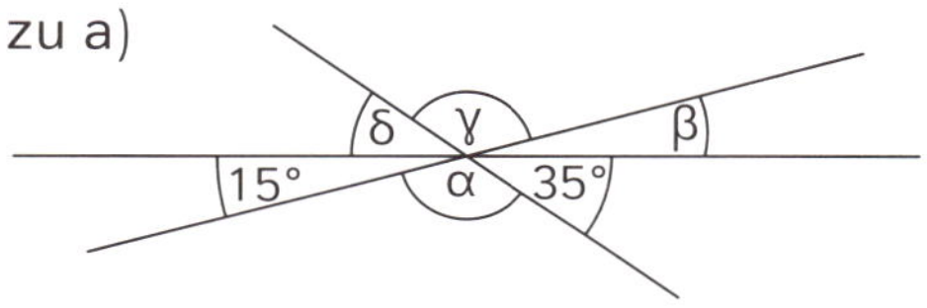

zu b)

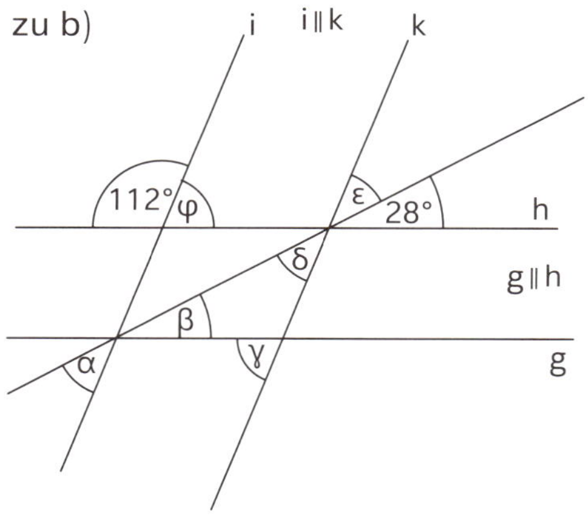

erreichte Punktzahl

/ 30

5 Flächeninhalt und Rauminhalt

verstehen

Flächeneinheiten

Während man den Umfang von geometrischen Figuren in Längeneinheiten misst, verwendet man zum Messen von Flächen **Flächeneinheiten** (mm^2, cm^2, dm^2 etc.). Möchte man Flächen vergleichen, müssen die Flächeninhalte in derselben Flächeneinheit angegeben sein. Es gelten folgende Zusammenhänge:

1 Hektar = 1 ha = 100 a = 10 000 m^2

1 Ar = 1 a = 100 m^2

1 m^2 = 100 dm^2

1 dm^2 = 100 cm^2

1 cm^2 = 100 mm^2

Die Umrechnungszahl für Flächeninhalte ist 100. Will man eine Flächeneinheit in die nächstkleinere (nächstgrößere) umwandeln, muss man mit dem Faktor 100 multiplizieren (durch die Zahl 100 teilen).

Beispiel 1: 12 cm^2 = (12 · 100) mm^2 = 1200 mm^2

24 000 dm^2 = (24 000 : 100) m^2 = 240 m^2

Flächen vergleichen

Im Heft lassen sich Flächeninhalte vieler Figuren leicht bestimmen und vergleichen, indem du **Zentimeterquadrate** (1 cm^2) einzeichnest und diese zählst.

Beispiel 2:

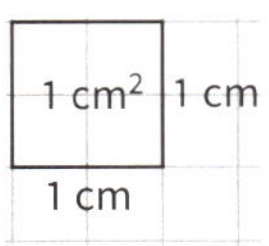

Beispiel 3:

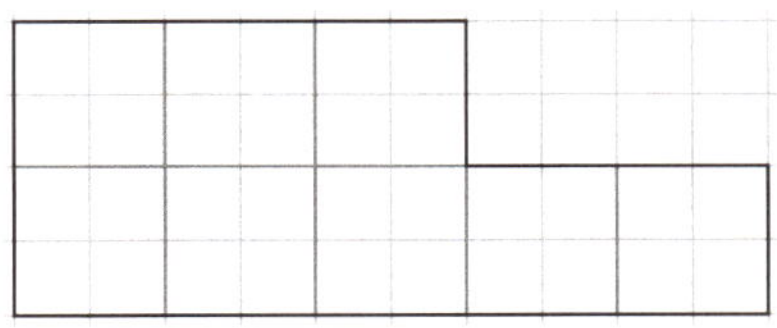

Flächeninhalt 8 cm^2

Flächeninhalte berechnen

Für die Flächeninhalte von Quadraten und Rechtecken gilt:

Quadrat		Rechteck	
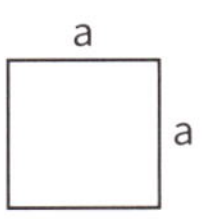	Flächeninhalt = Seite mal Seite **kurz: $A = a \cdot a = a^2$**	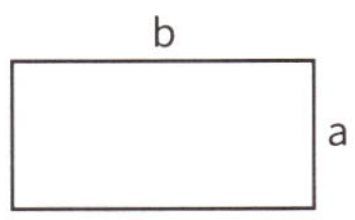	Flächeninhalt = Länge mal Breite **kurz: $A = a \cdot b$**

Beispiel 4: Berechne die Flächeninhalte der abgebildeten Figuren.

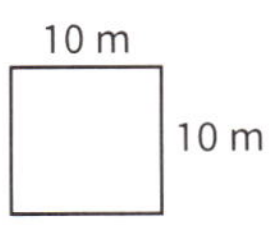

$A = 10\ m \cdot 10\ m$; $A = 100\ m^2$

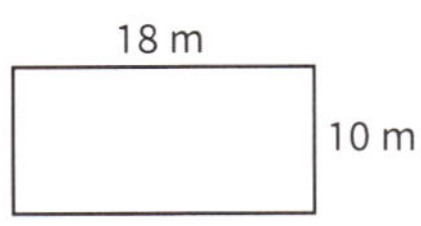

$A = 18\ cm \cdot 10\ cm$; $A = 180\ cm^2$

Quader und Würfel

Ein **Quader** hat 8 Ecken und 12 Kanten. In jeder Ecke stoßen drei Kanten zusammen, wobei immer zwei senkrecht aufeinander stehen. Immer vier Kanten sind gleich lang und parallel zueinander. Dadurch wird der Quader von 6 Rechtecken begrenzt, von denen die gegenüberliegenden Rechtecke jeweils deckungsgleich sind.

Deckungsgleich heißt, dass sie ausgeschnitten und übereinandergelegt genau gleich sind.

Sind die Rechtecke Quadrate (alle vier Seiten gleich lang), dann handelt es sich bei dem Quader um einen **Würfel**.

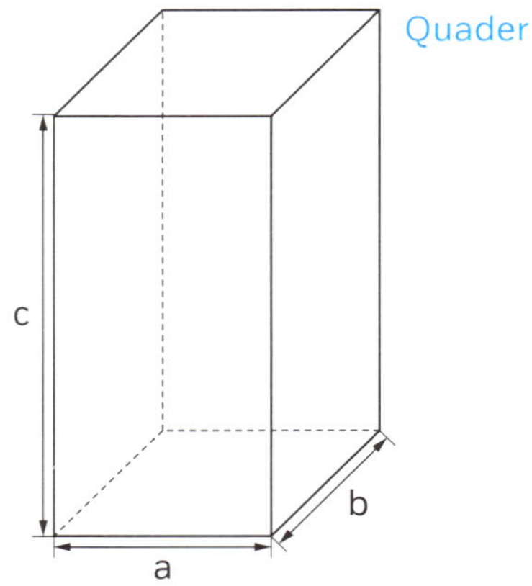

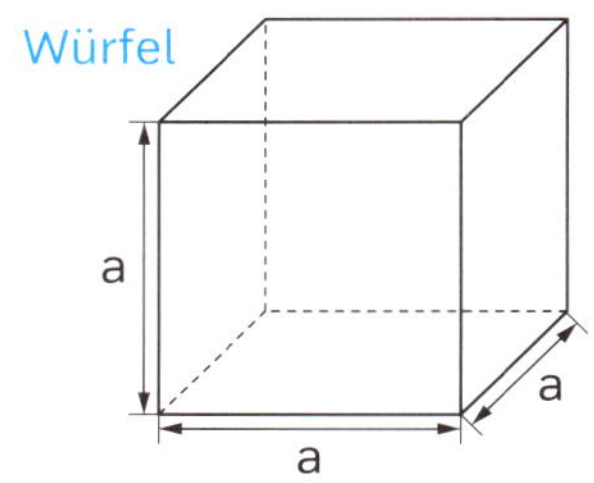

Beispiel 5: Wie viel Draht benötigt man, um einen Quader mit den Kantenlängen $a = 7\,cm$, $b = 4\,cm$ und $c = 5\,cm$ herzustellen?

Man benötigt: $4 \cdot 7\,cm + 4 \cdot 4\,cm + 4 \cdot 5\,cm = 28\,cm + 16\,cm + 20\,cm = 64\,cm$ Draht.

Schrägbild von Quader und Würfel

Will man einen Körper räumlich darstellen, zeichnet man ein **Schrägbild**. Dazu zeichnet man die nach hinten verlaufenden Kanten verkürzt (1 Kästchendiagonale entspricht 1 cm)[1].

Die von vorne nicht sichtbaren Kanten zeichnet man gestrichelt.

Beispiel 6: Dargestellt ist ein Quader mit den Kantenlängen $a = 5\,cm$, $b = 2\,cm$ und $c = 3\,cm$.

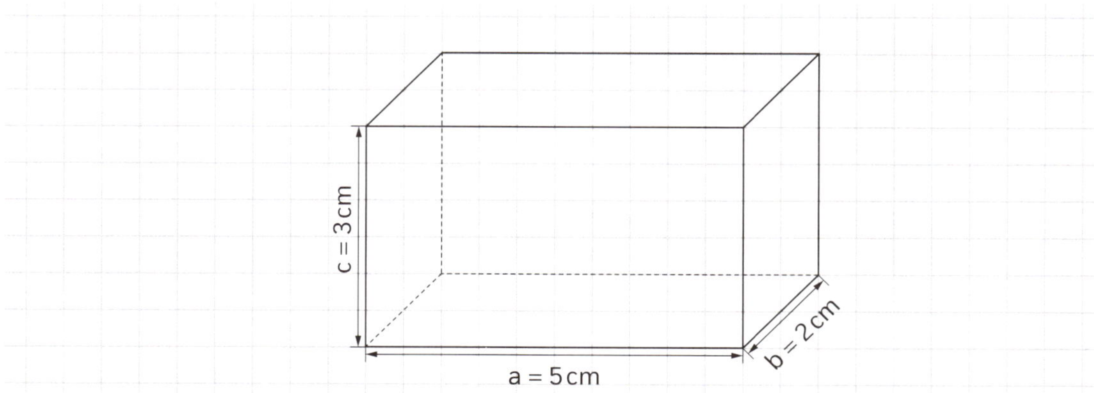

1 Manchmal, vor allem wenn man nicht auf Karopapier arbeitet, zeichnet man auch mit anderen Verkürzungsfaktoren, dann wird z. B. genau die Hälfte der Strecke nach hinten gezeichnet. Arbeite so, wie es bei dir im Unterricht üblich ist!

Netze von Quadern und Würfeln

Um von einem Quader ein Netz zu zeichnen, oder zu prüfen, ob ein Netz zu einem Quader gehört, hilft es, wenn du die Ecken mit Buchstaben bezifferst oder die Flächen nummerierst und dir die Auffaltung dann vorstellst.

Schneidet man einen Quader (Würfel) entlang seiner Kanten so auf, dass man ihn komplett „aufklappen“ kann, die Seitenflächen aber noch zusammenhängen, dann erhält man ein **Netz** des Quaders (Würfels).
Man kann es sich wie einen Bastelbogen vorstellen, aus dem man durch Zusammenfalten den Quader oder Würfel herstellen kann.

Für einen Quader (Würfel) gibt es verschiedene Netze.

Beispiel 7: Hier siehst du zwei Netze von einem Quader.

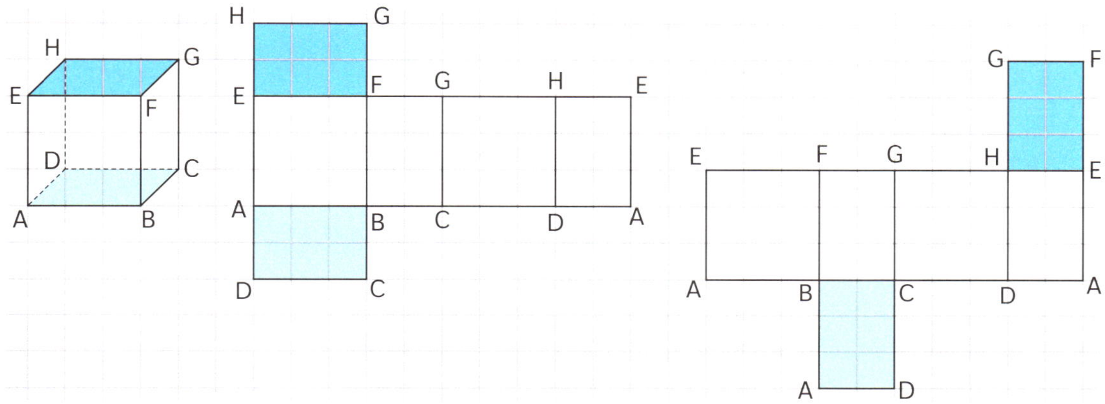

Beispiel 8: In dem abgebildeten Würfelnetz ist die Grundfläche hellblau und die Deckfläche dunkelblau gekennzeichnet.

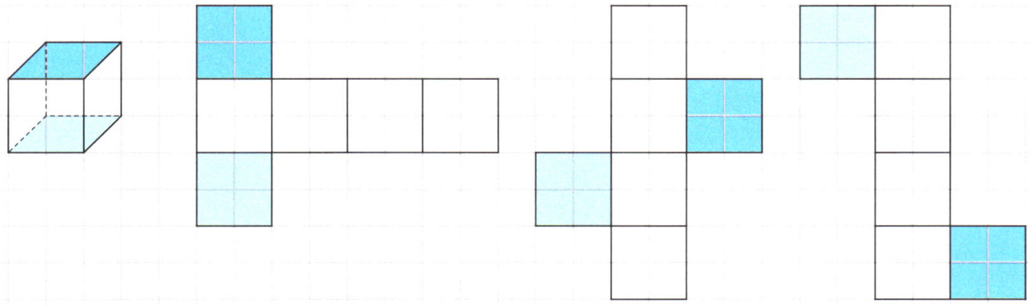

verstehen

Netze von anderen Körpern

Auch von anderen Körpern kann man die Netze zeichnen.

- Ein **Prisma** hat ein beliebiges Dreieck, Viereck ... als Grund- und als Deckfläche, die Seitenflächen sind Rechtecke.
- Ein **Zylinder** hat einen Kreis als Grund- und Deckfläche, die Seitenfläche gibt abgerollt ein Rechteck.
- Eine **Pyramide** hat eine Grundfläche mit drei, vier oder mehr Ecken. und eine Spitze, in der sich die Seitenkanten treffen.
- Ein **Kegel** läuft ebenfalls spitz zu und hat einen Kreis als Grundfläche.

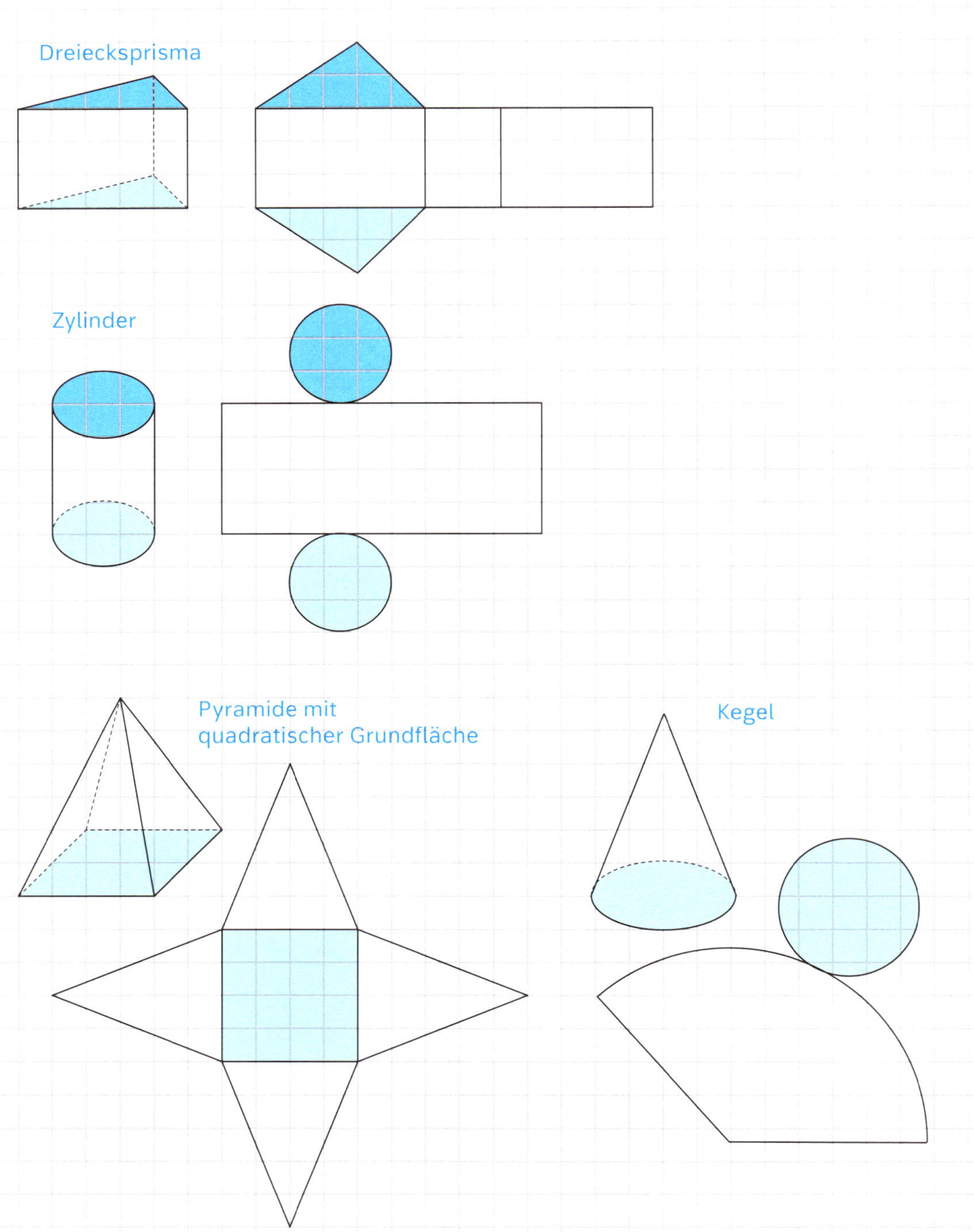

Oberflächen von Quadern

Wie bei allen Flächen sind die **Maßeinheiten** mm^2, cm^2, m^2...

Die sechs Flächen, die zum Netz eines Quaders gehören, bilden zusammen seine **Oberfläche**. Da immer zwei Seitenflächen gleich groß sind, berechnet man die Oberfläche folgendermaßen:

$O = 2 \cdot ab + 2 \cdot bc + 2 \cdot ac$

(Würfel: $O = 6 \cdot a^2$)

Beispiel 9: Ein Quader mit den Maßen $a = 4\,cm$, $b = 5\,cm$, $c = 12\,cm$ hat die Oberfläche $O = 2 \cdot (4\,cm \cdot 5\,cm) + 2 \cdot (5\,cm \cdot 12\,cm) + 2 \cdot (4\,cm \cdot 12\,cm) = 256\,cm^2$

Volumen von Quadern

$1\,cm^3$ entspricht dem Rauminhalt eines Würfels mit der Kantenlänge 1 cm. Hat ein Körper einen Rauminhalt von $7\,cm^3$, dann heißt das, er hat das gleiche Volumen wie 7 Würfel mit der Kantenlänge 1 cm.

Ein Quader kann mit Wasser gefüllt werden. Die Größe dieses auffüllbaren Raumes nennt man Rauminhalt oder Volumen.
Das **Volumen eines Quaders** berechnet man, indem man Länge mal Breite mal Höhe rechnet, kurz:

$V = a \cdot b \cdot c$

Die **Maßeinheit** für das Volumen sind cm^3, mm^3, dm^3, m^3 etc.

Beispiel 10: Ein Quader mit den Kantenlängen $a = 5\,cm$, $b = 4\,cm$ und $c = 3\,cm$ hat das Volumen $V = 5\,cm \cdot 4\,cm \cdot 3\,cm = (5 \cdot 4 \cdot 3)\,cm^3 = 60\,cm^3$

Umwandeln in andere Volumeneinheiten

Die **Umwandlungszahl** ist bei Volumen 1000, bei Flächen 100 und bei Strecken 10.

Einen Würfel mit der Kantenlänge 1 m kannst du dir aus lauter Würfeln der Kantenlänge 1 dm oder 1 cm aufgebaut vorstellen. In einen Würfel mit 1 m Kantenlänge (und dem Volumen $1\,m^3$) würden demnach $10 \cdot 10 \cdot 10 = 1000$ Würfel der Kantenlänge 1 dm passen (siehe Abbildung rechts). Es gilt also $1\,m^3 = 1000\,dm^3$.

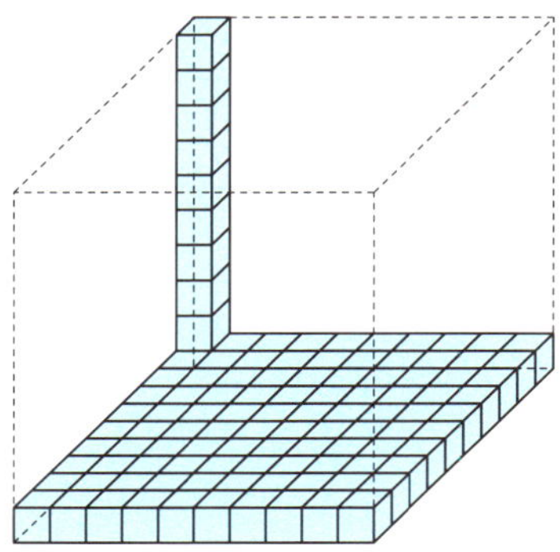

Es gelten folgende Zusammenhänge:

$1\,m^3 = 1000\,dm^3$

$1\,dm^3 = 1000\,cm^3$

$1\,cm^3 = 1000\,mm^3$

Andere, sehr gebräuchliche Volumeneinheiten sind Liter (l) und Milliliter (ml).

Es gilt: $1\,m^3 = 1000\,l$, $1\,dm^3 = 1\,l = 1000\,ml$, $1\,cm^3 = 1\,ml$

Beispiel 11: Eine Coladose mit 0,33 l Inhalt hat also ein Volumen von 0,33 l.
$0{,}33 \cdot 1000\,cm^3 = 330\,cm^3$

Zusammengesetzte Körper

Zur Berechnung der Oberfläche kannst du dir vorstellen, dass du den Körper in einen Farbeimer tunkst.
Alle Flächen, die dadurch gefärbt werden, gehören zur Oberfläche des Körpers.

Oft musst du Oberfläche und/oder Volumen von Körpern berechnen, die nicht die Grundform Quader oder Würfel haben.
Solche Körper sind aber aus mehreren Quadern oder Würfeln zusammengesetzt und lassen sich durch geschicktes Aufteilen mit den entsprechenden Formeln berechnen.
Zum Berechnen des Volumens gibt es zwei Möglichkeiten:

1. Möglichkeit: Körper in geeignete Teilkörper zerlegen und Volumen der einzelnen Körper berechnen. Anschließend alle Teil-Volumina addieren.

2. Möglichkeit: Körper ergänzen, sodass ein Quader entsteht. Gesamtvolumen ausrechnen und das Volumen des ergänzten Körpers subtrahieren.

Beispiel 12: Das Volumen des zusammengesetzten Körpers nach

a) der 1. Möglichkeit

$V_1 = 2\,cm \cdot 2\,cm \cdot 8\,cm$
$= 32\,cm^3$

$V_2 = 2\,cm \cdot 2\,cm \cdot 6\,cm$
$= 24\,cm^3$

$V = V_1 + V_2$
$= 32\,cm^3 + 24\,cm^3 = 56\,cm^3$

b) der zweiten Möglichkeit

$V_1 = 6\,cm \cdot 2\,cm \cdot 10\,cm$
$= 120\,cm^3$

$V_2 = 2 \cdot (2\,cm \cdot 2\,cm \cdot 8\,cm)$
$= 64\,cm^3$

$V = V_1 - V_2$
$= 120\,cm^3 - 64\,cm^3 = 56\,cm^3$

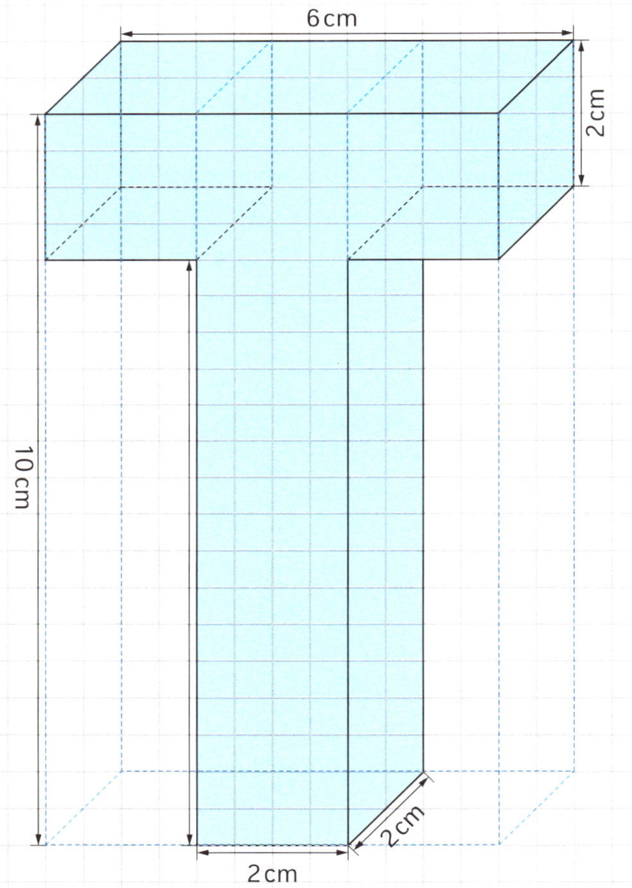

Test 1: Flächeninhalte

1 Begründe, dass die Figuren den gleichen Flächeninhalt haben.

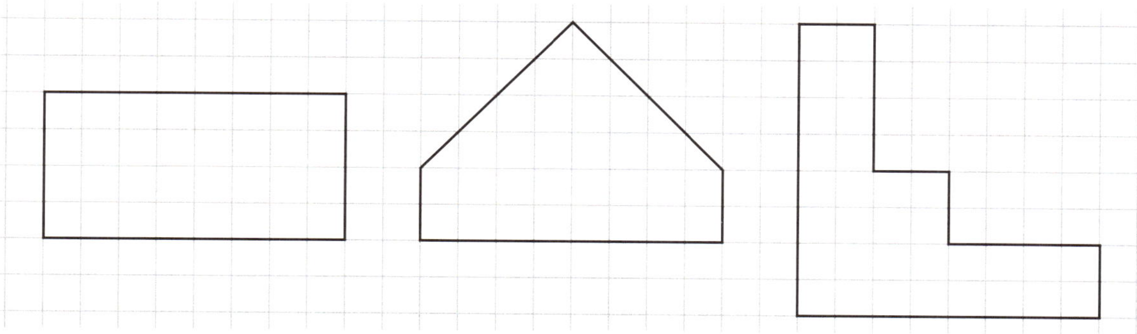

2 Bestimme die Flächeninhalte der abgebildeten Figuren.

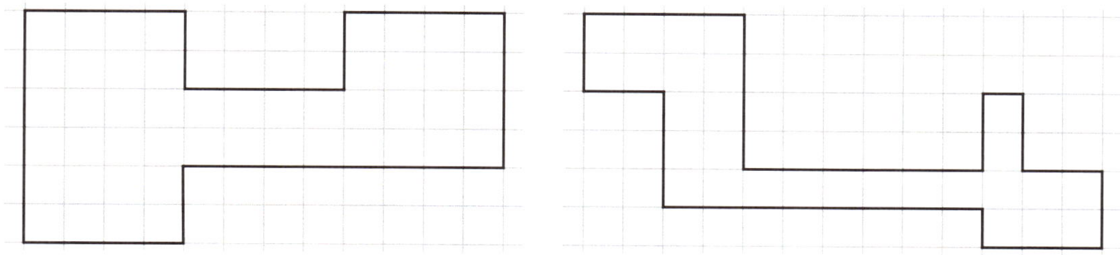

3 Wandle um in

a) die nächstkleinere Einheit

25 m^2 31 cm^2 12 a 41 ha

b) die nächstgrößere Einheit

2100 dm^2 4500 mm^2 300 a 60 000 mm^2

4 Berechne den Flächeninhalt des abgebildeten Grundstücks, indem du es in geeignete Teilflächen einteilst.

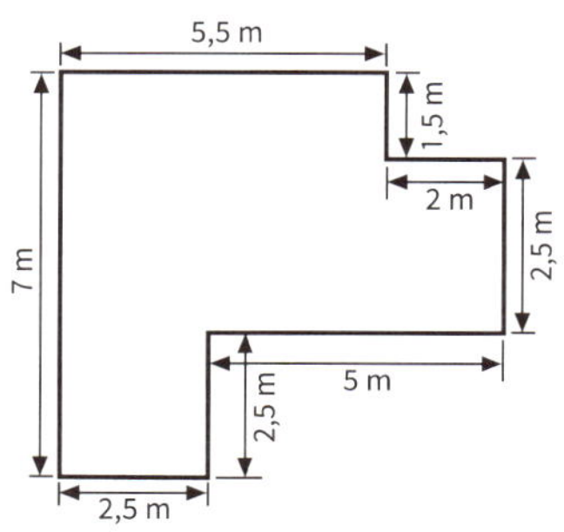

üben

Test 2: Netze und Schrägbilder

1 Zeichne ein Netz und ein Schrägbild eines Quaders mit den Maßen $a = 5\,cm$, $b = 4\,cm$, $c = 3\,cm$.

2 Abgebildet ist das Netz eines Würfels. Die gefärbte Fläche soll die Grundfläche sein, auf der der Würfel steht. Färbe die Fläche ein, die zur Deckfläche wird.

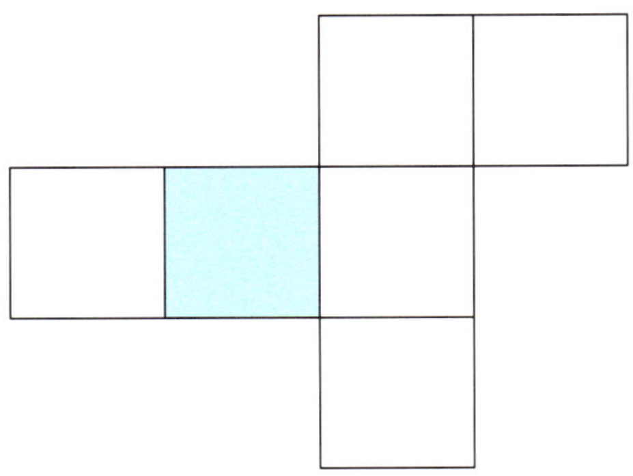

3 Vervollständige die angefangenen Schrägbilder.

a) Würfel mit a = 4 cm

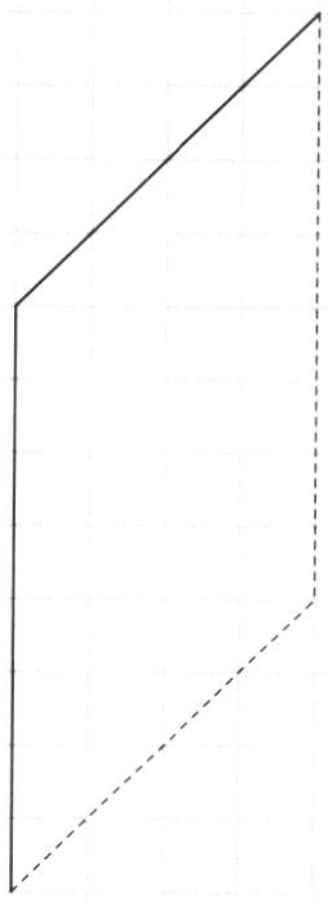

b) Würfel mit a = 2,5 cm

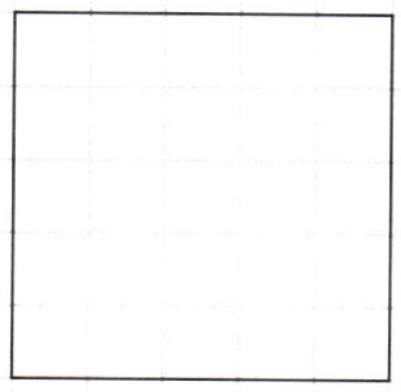

c) Würfel mit a = 1 cm

Für die Quader gilt: Die Länge (Grundkante) soll a heißen, die Breite (Tiefe) b und die Höhe c. Vorgegeben ist jeweils die linke untere Ecke.

d) Quader mit a = 4 cm, b = 1 cm, c = 2 cm

e) Quader mit a = 1 cm, b = 2 cm, c = 4 cm

f) Quader mit a = 2 cm, b = 4 cm, c = 1 cm

g) Zeichne das Schrägbild, das zum vorgegebenen Netz passt. Übernimm auch die Färbung.

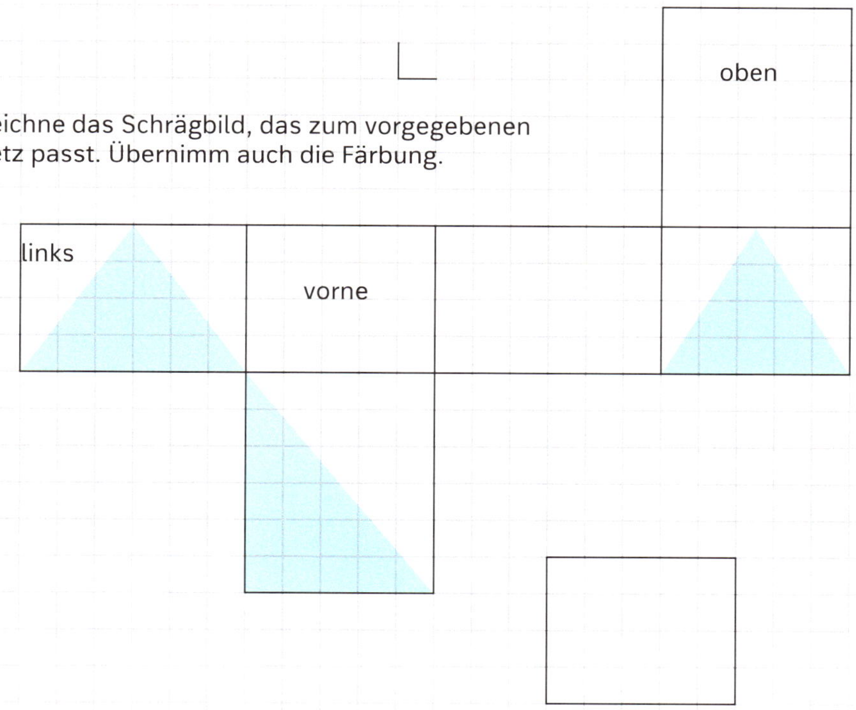

üben

Test 3: Oberfläche und Volumen

1 Ein Aquarium ist 1,2 m breit, 50 cm tief und 60 cm hoch.

a) Max füllt das Aquarium zur Hälfte. Wie viele Liter Wasser sind das?

b) Max füllt nun noch Kies und Steine mit einem Gesamtvolumen von 90 000 cm^3 ein. Wie viel Wasser kann er danach noch einfüllen?

Brauchst du Hilfe beim rechnen mit Dezimalzahlen („Kommazahlen")? Schau auf Seite 40 nach.

2 Ein Möbelhaus bietet einen Schrank mit folgenden Maßen an: Breite: 1,4 m, Höhe 230 cm, Tiefe 65 cm.

a) Gib das Volumen des Schrankes in Kubikmeter (m^3) an.

b) Rechne das Volumen um in dm^3 und cm^3.

c) Der Schrank muss noch mit Öl behandelt werden.
Im Baumarkt bekommt man verschieden große Dosen des Öls: Die kleine Dose reicht für 9 m^2, die mittlere Dose für 12 m^2, die große Dose für 20 m^2. Welche Dose muss man kaufen, wenn man den ganzen Schrank außen damit einölen möchte?

d) Welche Dose muss man kaufen, wenn man den Schrank mit zwei Glastüren gekauft hat?

3 Ein Swimmingpool muss neu abgedichtet werden. Dazu wird er mit Spezialfarbe gestrichen.

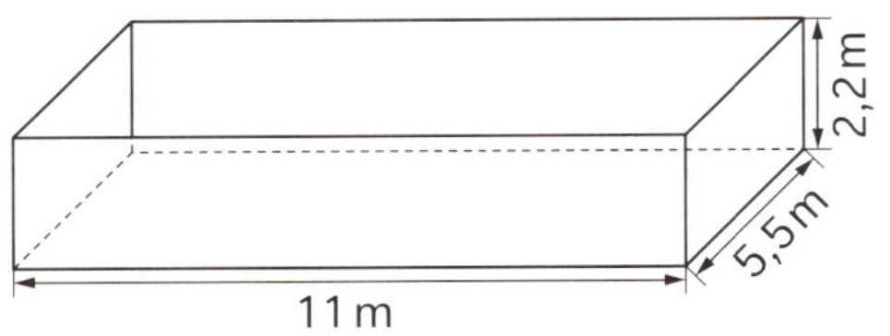

a) Wie viel Quadratmeter müssen gestrichen werden?

b) Nach dem Trocknen der Farbe kann der Pool neu gefüllt werden.
Das soll mit einem Schlauch gemacht werden, durch den pro Stunde 2000 l Wasser fließen. Wie lange dauert es, bis der Pool ganz gefüllt ist?

Test 4: Zusammengesetzte Körper

1 ✷✷

Jeder kleine Würfel hat eine Kantenlänge von 1 cm.
Bestimme das Volumen der Körper im Kopf.
Gehe davon aus, dass überall da, wo du nichts siehst, ein Würfel ist.

a)

b)

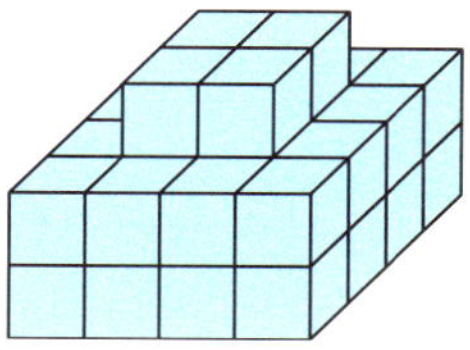

c)

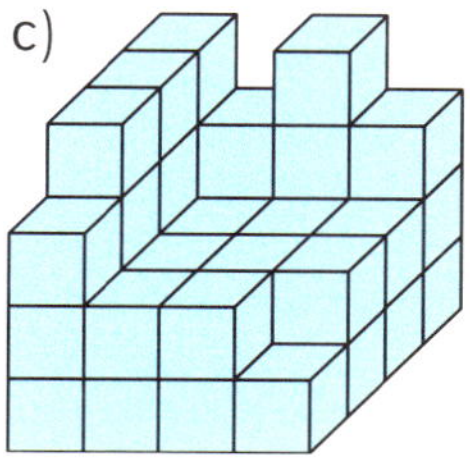

d)

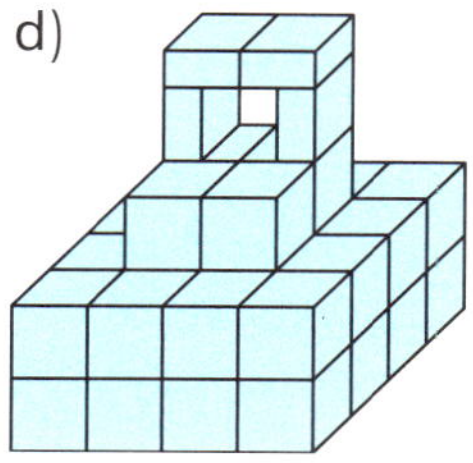

a) ______________________ b) ______________________

c) ______________________ d) ______________________

2 ✷✷

Berechne das Volumen der zusammengesetzten Körper.

a)

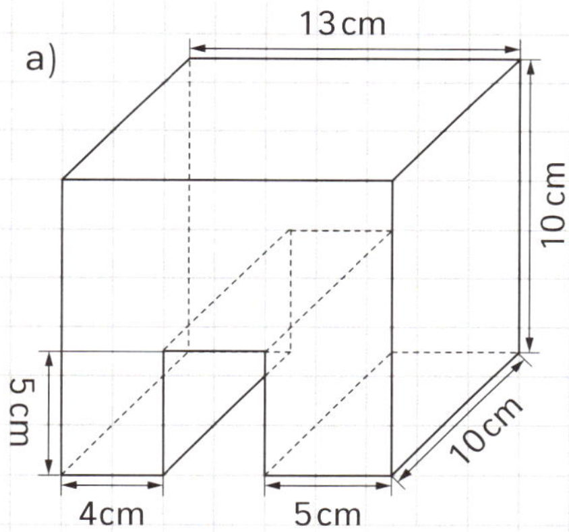

b)

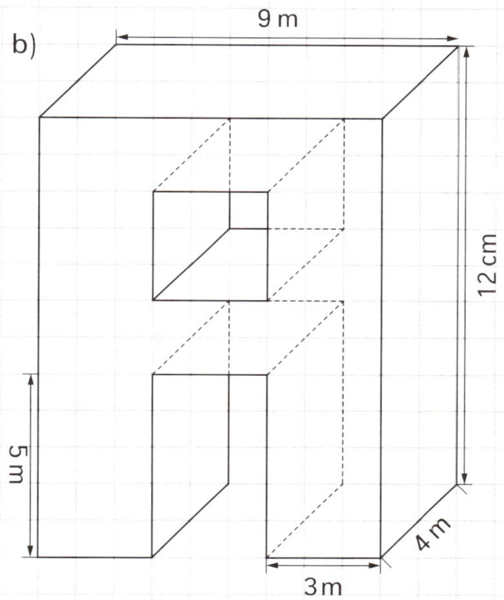

Klassenarbeit Nr. 5

60 min

können

1 Zeichne die Figuren und bestimme den Flächeninhalt mithilfe von Zentimeterquadraten.

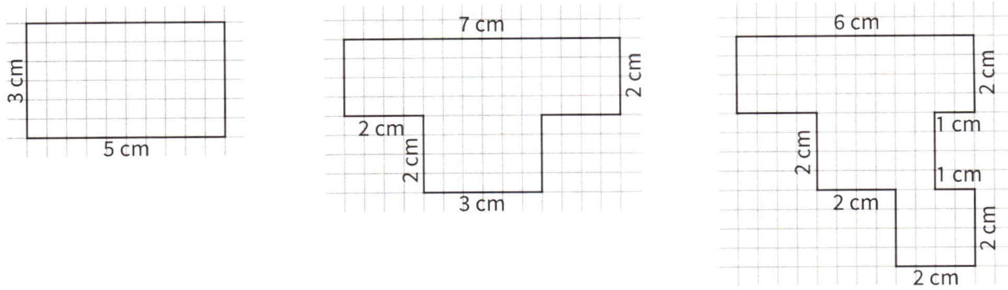

/3

2 Berechne die Flächeninhalte der Figuren aus Aufgabe 1, indem du sie in geeignete Teilflächen einteilst.

/3

können

3 Vervollständige die beiden angefangenen Schrägbilder.

a) Würfel

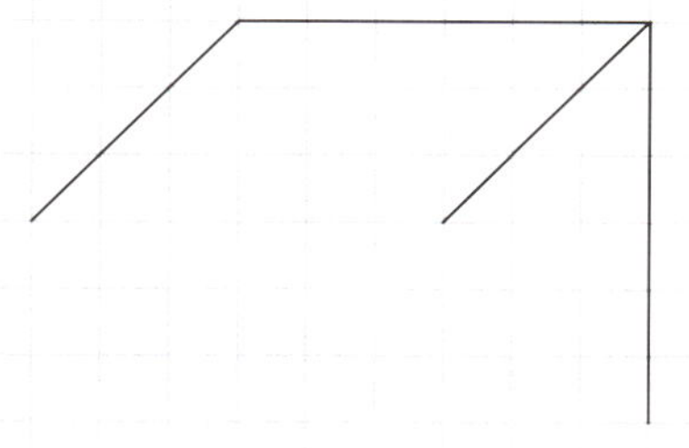

b) Quader

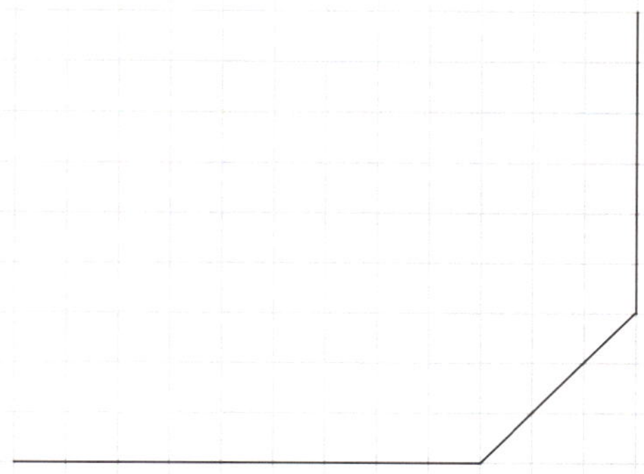

/4

4 Tamara möchte für ihren kleinen Bruder eine Holzkiste zum Aufbewahren seiner Bauklötze bauen. Sie hat sich zwei verschiedene Modelle überlegt (siehe Skizzen rechts).

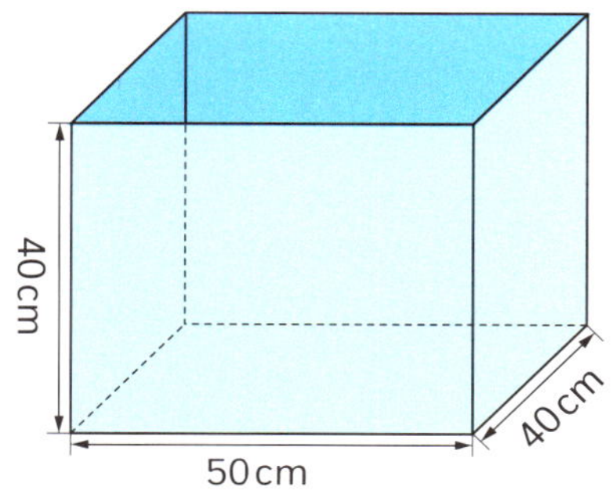

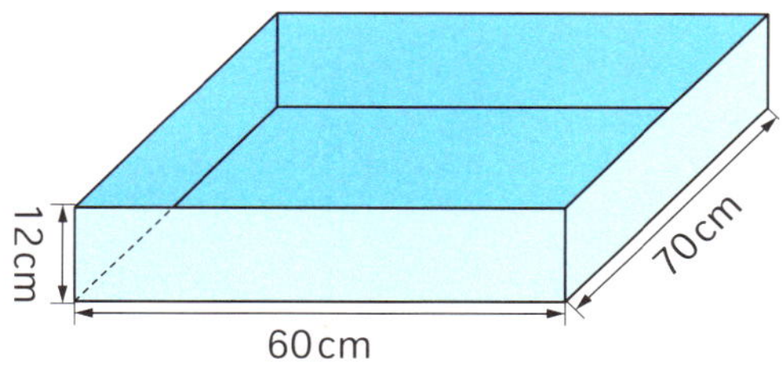

a) Berechne jeweils den Holzbedarf und das Fassungsvermögen (Volumen) der Kiste.

$\text{Holzbedarf}_{\text{Modell 1}}$ = ____________

____

$\text{Holzbedarf}_{\text{Modell 2}}$ = ____________

____

$V_{\text{Modell 1}}$ = ____________

$V_{\text{Modell 2}}$ = ____________

b) Für welches Modell sollte sie sich entscheiden?

____

____

/6

können

/2

5 Rechne in die angegebenen Maße um.

a) $12{,}5\,dm^3 =$ ______________ cm^3 b) $45\,000\,mm^3 =$ ______________ dm^3

c) $360\,000\,cm^3 =$ ______________ l d) $2570\,l =$ ______________ m^3

/6

6 Berechne das Volumen des abgebildeten Körpers.

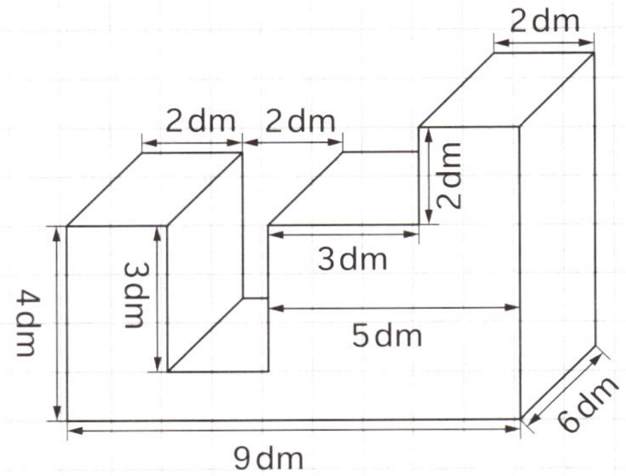

/6

7 Der abgebildete Körper wird aus Aluminium hergestellt. Wie schwer ist er, wenn Aluminium 2,7 g pro cm^3 wiegt?

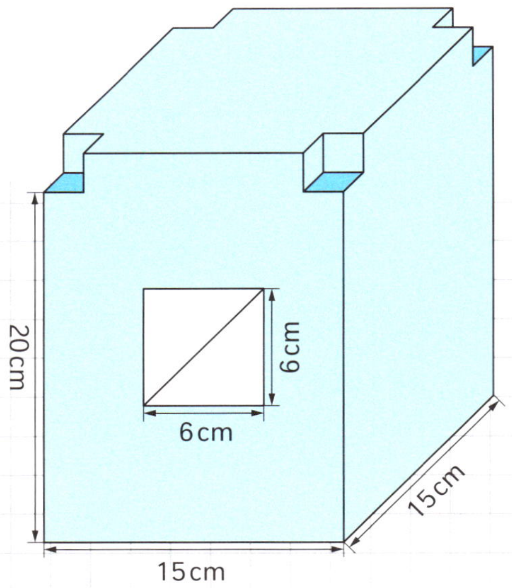

Die vier ausgeschnittenen Würfel sind gleich groß. Die Grundfläche der Würfel beträgt $A = 4\,cm^2$.

erreichte Punktzahl

/ 30

6 Rechnen mit Dezimalbrüchen

verstehen

Dezimalbrüche und Stellenwerttafel

Noch häufiger als Brüche begegnen uns im täglichen Leben die sogenannten **Dezimalbrüche** oder Dezimalzahlen („Kommazahlen"). So kostet ein Liter Milch beispielsweise 0,89 €, eine Tür ist 2,11 m hoch und eine Bank bietet ein Darlehen zu 3,1 % Zinsen an. Dezimalbrüche sind „alltagstauglicher" als „normale" Brüche, da man mit ihnen in der Regel einfacher rechnen kann.
Dezimalbrüche sind eigentlich Brüche, die als Nenner Zehnerpotenzen (10, 100, 1000, ...) haben, aber eben in der **Dezimalschreibweise** („Kommaschreibweise") dargestellt sind. Dazu erweitert man die Stellenwerttafel der natürlichen Zahlen nach rechts um die **Dezimalstellen** Zehntel (z), Hundertstel (h), Tausendstel (t) etc.

...	H	Z	E		z	h	t	...
		2	3	,	4	8	1	

$2 \cdot 10 + 3 \cdot 1 + 4 \cdot \frac{1}{10} + 8 \cdot \frac{1}{100} + 1 \cdot \frac{1}{1000}$

Stehen rechts von einer Dezimalenstelle nur noch Nullen, dürfen diese auch weggelassen werden.
Beispiel: 2,350 00 = 2,35.

Dezimalbrüche in Brüche umwandeln

Mithilfe der Stellenwerttafel lässt sich jeder (endliche) Dezimalbruch leicht in einen Bruch umwandeln. Die letzte Dezimalstelle bestimmt den Nenner des Bruches. Im Beispiel oben (23,481) sind es Tausendstel. Die Zahlen vor dem Komma sind ganze Zahlen. Umgewandelt in einen Bruch (bzw. gemischte Zahl) heißt die Zahl demnach $23\frac{481}{1000}$. Wenn möglich, muss man den Bruch dann noch kürzen.

Beispiel 1: a) $0{,}25 = \frac{25}{100} = \frac{1}{4}$ b) $1{,}875 = 1\frac{875}{1000} = 1\frac{7}{8}$ c) $0{,}64 = \frac{64}{100} = \frac{16}{25}$

Brüche in Dezimalbrüche umwandeln

Um einen Bruch in einen Dezimalbruch umzuwandeln, muss man den Bruchstrich durch ein „:" ersetzen und die Division ausrechnen. Dabei können **endliche** oder **unendlich-periodische Dezimalbrüche** entstehen. Entsteht ein periodischer Dezimalbruch bricht man die Division ab und schreibt über die sich periodisch wiederholende(n) Zahl(en) einen Strich.

Beispiel 2: $\frac{12}{25}$

```
 12 : 25 = 0,48
 120
-100
   200
  -200
     0
```

endlicher Dezimalbruch

Beispiel 3: $\frac{2}{3}$

```
 2 : 3 = 0,666...
 20    = 0,6̅
-18
  20
 -18
   2 ...
```

$= 0{,}\overline{6}$

unendlich-periodischer Dezimalbruch

Beispiel 4: $\frac{3}{11}$

```
 3 : 11 = 0,27 ...
 30     = 0,27̅
-22
  80
 -77
  30 ...
```

$= 0{,}\overline{27}$

Periode mit zwei sich wiederholenden Zahlen.

Brüche mit Zehnerpotenzen im Nenner lassen sich leicht in Dezimalbrüche umschreiben, da bei einer Division durch 10 (100, 1000, ...) die Dezimalzahl 1 (2, 3, ...) Dezimalstellen haben muss.

Beispiel 5: a) $\frac{3}{10} = 3:10 = 0{,}3$ b) $\frac{27}{100} = 0{,}27$ c) $\frac{45}{1000} = 0{,}045$

Das geht mit allen Brüchen, deren Nenner nur die Teiler 2 oder 5 hat.

Es kann daher von Vorteil sein, einen Bruch auf den Nenner 10, 100, 1000, ... zu erweitern.

Beispiel 6: a) $\frac{3}{5} = \frac{6}{10} = 0{,}6$ b) $\frac{12}{25} = \frac{48}{100} = 0{,}48$

c) $\frac{5}{8} = \frac{625}{1000} = 0{,}625$

Größenvergleich von Dezimalbrüchen

Dezimalbrüche vergleicht man, in dem man von links nach rechts die Ziffern miteinander vergleicht. Derjenige Dezimalbruch, der an der gleichen Stelle zuerst eine größere Ziffer hat, ist der größere.

Beispiel 7: 24,201 37 > 24,201 28, da sich die beiden Zahlen erst in der 4. Dezimalstelle unterscheiden und 3 größer ist als 2.

Dezimalbrüche runden

Dezimalbrüche sind oftmals Maßzahlen bestimmter Maßeinheiten. Dabei genügt es meist, die Maßzahl auf 1 bis 3 Dezimalstellen genau zu kennen. Es ist daher sinnvoll, Dezimalbrüche mit vielen Dezimalstellen zu **runden**, d. h. einen Näherungswert zu bilden. Zunächst muss man festlegen, auf welche Dezimalstelle gerundet werden soll. Anschließend betrachtet man diejenige Ziffer, die auf die zu rundende Dezimalstelle folgt.

Ist dies die Ziffer 0, 1, 2, 3, 4, so wird **abgerundet**, man lässt die Ziffern hinter der entsprechenden Stelle weg.

Ist die Ziffer 5, 6, 7, 8, 9, so wird **aufgerundet**, die Zahl an der entsprechenden Stelle wird um 1 erhöht. Muss dabei die Ziffer 9 aufgerundet werden, wird daraus eine 0 und die Ziffer links davon wird um 1 erhöht.

Beispiel 8: Der Dezimalbruch 19,845 soll gerundet werden auf die

– Zehnerstelle (Z):	**1**9,845 ≈ **2**0	9: aufrunden	→ **1** auf **2** erhöhen
– Einerstelle (E):	1**9**,845 ≈ **20**	8: aufrunden	→ **9** auf **10** erhöhen
– Zehntelstelle (z):	19,**8**45 ≈ 19,**8**	4: abrunden	→ **8** bleibt
– Hundertstelstelle (h):	19,8**4**5 ≈ 19,8**5**	5: aufrunden	→ **4** auf **5** erhöhen

Beispiel 9: Kontrolliere eine Rechnung, z. B. 1,08 + 25,625 – 2,407 = 24,298, durch eine **Überschlagsrechnung** mit gerundeten Zahlen:

1,1 + 25,6 – 2,4 = 24,3 und 24,298 ≈ 24,3

Addition und Subtraktion von Dezimalbrüchen

Zum Addieren und Subtrahieren von Dezimalbrüchen schreibt man diese so untereinander, dass Komma unter Komma steht. Unbesetzte Dezimalstellen füllt man mit Nullen auf und addiert bzw. subtrahiert dann von rechts nach links.
Im Ergebnis setzt man das Komma so, dass es unter den anderen Kommas steht.
Sollen von einer Zahl mehrere Dezimalbrüche subtrahiert werden, kann man zunächst alle, die subtrahiert werden sollen, addieren und das Ergebnis von der Zahl abziehen.

Beispiel 10:

a) 0,406 + 43 + 8,75 + 0,099 b) 2,087 − 1,40946 c) 12,54 − 3,21 − 6,55

```
a)    0, 4 0 6      b)    2, 0 8 7 0 0      c) N R    3, 2 1
    4 3, 0 0 0          − 1, 4 0 8 4 6               + 6, 5 5
      8, 7 5 0            1     1 1 1                  9, 7 6
    + 0, 0 9 9          -------------
      1 1 1 1             0, 6 7 8 5 4          1 2, 5 4
    ----------                                  − 9, 7 6
    5 2, 2 5 5                                      1 1
                                                --------
                                                  2, 7 8
```

Um Dezimalzahlen im Kopf zu addieren oder zu subtrahieren, kann man alle Kommas so weit nach rechts verschieben, bis alle Summanden ganzzahlig sind. Nach der Rechnung muss diese Verschiebung wieder rückgängig gemacht werden.

Beispiel 11:

Aufgabe	0,8 + 0,6 = 1,4	1,4 + 0,28 = 1,68	0,5 − 0,32 = 0,18
Kopfrechnung	8 + 6 = 14	140 + 28 = 168	50 − 32 = 18

Multiplikation und Division von Dezimalbrüchen

Man multipliziert Dezimalbrüche miteinander, indem man zunächst ohne die Kommas zu berücksichtigen rechnet. Anschließend addiert man die Anzahl der Dezimalstellen der Faktoren und trägt im Ergebnis diese Stellen von rechts nach links ab.

Beispiel 12:

```
        2           1
      2, 6 7  ·  4, 3
  1 0 6 8
+     8 0 1
  1 1, 4 8 1
        3
```

Man dividiert Dezimalbrüche, indem man zunächst das Komma in Dividend (Zahl die geteilt wird) und Divisor (Zahl durch die geteilt wird) so weit nach rechts verschiebt, bis der Divisor ganzzahlig ist und führt anschließend die Division aus. Im Ergebnis wird das Komma gesetzt, sobald man im Dividenden das Komma überschreitet (die erste Dezimalstelle in die Rechnung einbezogen wird).

Beispiel 13:

```
 1 9, 8 8 : 1, 4
      ↓       ↓
 1 9 8, 8 : 1 4 = 1 4, 2
-1 4
   5 8
  -5 6
     2 8
    -2 8
       0
```

Bei der Multiplikation mit oder der Division durch 10 (100, 1000, ...) wird das Komma einfach um die Anzahl der Nullen (1, 2, 3, ...) nach rechts (Multiplikation) bzw. links (Division) verschoben. Fehlende Stellen werden durch Nullen ergänzt.

Beispiel 14: a) $2{,}356 \cdot 10 = 23{,}56$;
b) $4{,}3 \cdot 1000 = 4300$; $0{,}057 \cdot 100 = 5{,}7$

Beispiel 15: a) $23{,}8 : 10 = 2{,}38$;
b) $1{,}8 : 100 = 0{,}018$; $4275 : 1000 = 4{,}275$

Zum Multiplizieren oder Dividieren im Kopf macht man alle Zahlen durch Kommaverschiebung ganzzahlig. Nach der anschließenden Rechnung setzt man das Komma im Ergebnis folgendermaßen: Bei der Multiplikation addiert man die Stellen der Faktoren und trägt die Anzahl von rechts ab. Bei der Division subtrahiert man die Anzahl der Stellen des Divisors von der Anzahl der Stellen des Dividenden und trägt die Differenz im Ergebnis von rechts ab.

Beispiel 16:

	1 + 2 = 3	2 − 1 = 1
Aufgabe	$0{,}8 \cdot 0{,}15 = 0{,}120 = 0{,}12$	$0{,}24 : 1{,}2 = 0{,}2$
Kopfrechnung	$8 \cdot 15 = 120$	$24 : 12 = 2$

Die Umrechnung dezimaler Maßzahlen

Dezimale Maßangaben lassen sich durch Verschiebung des Kommas in die nächstgrößere (nach links) oder nächstkleinere (nach rechts) Maßeinheit umwandeln. Bei Längenmaßen sind es 10er-Schritte (eine Dezimalstelle), bei Flächenmaßen 100er-Schritte und bei Hohlmaßen (Raummaßen) 1000er-Schritte.

Beispiel 17: a) 3,25 cm = 32,5 mm
b) 24,3 dm = 2,43 m
c) 56,45 cm^2 = 0,5645 dm^2
d) 0,027 m^3 = 27 dm^3 = 27 000 cm^3

Vorsicht! Beim Umrechnen von Uhrzeiten (nicht-dezimal) funktioniert das Komma-Verschieben nicht!
Hier rechnet man z. B.:
2,25 h = 2,25 · 60 min
= 135 min = 2 h 15 min

Test 1: Umrechnen, vergleichen und runden

1 Setze das richtige Zeichen (<, =, >) ein.

a) 2,445 ☐ 2,454

b) 0,2100036 ☐ 0,2100360

c) 0,8900 ☐ $\frac{89}{1000}$

d) 0,375 ☐ $\frac{3}{8}$

2 a) Rechne um in Brüche. Kürze, wenn möglich.

0,48 = ____________

1,346 = ____________

3,0025 = ____________

0,626000 = ____________

b) Rechne um in Dezimalbrüche.

$\frac{4}{5}$ = ____________

$\frac{3}{8}$ = ____________

$4\frac{12}{50}$ = ____________

$11\frac{7}{20}$ = ____________

3 Rechne in Dezimalbrüche um. Mache die Nebenrechnungen im Heft.

a) $\frac{1}{6}$ = ____________

b) $\frac{4}{9}$ = ____________

c) $\frac{2}{7}$ = ____________

4 Lies die mit dem roten Pfeil markierten Zahlen auf dem Zahlenstrahl ab.

a)

b)

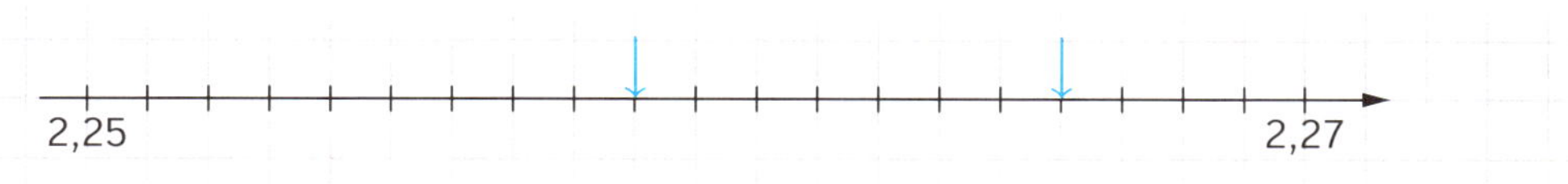

c)

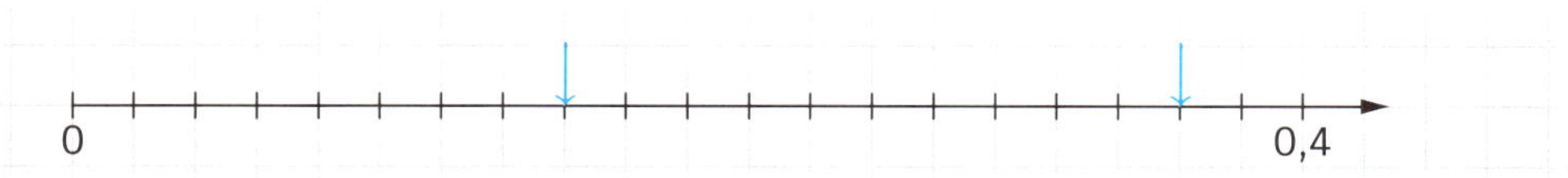

5 Runde die Zahl 2,98748

a) auf Tausendstel ____________

b) Hundertstel ____________

c) Zehntel ____________

d) Zehntausendstel ____________

6 Zwischen welchen benachbarten Zahlen mit

a) einer Dezimalstelle ____________

b) keiner Dezimalstelle ____________

c) drei Dezimalstellen ____________

d) fünf Dezimalstellen ____________

liegt die Zahl 4,233?

üben

Test 2: Addieren und subtrahieren

1 Berechne im Kopf.

a) 2,4 + 1,3 = ______ b) 5,6 + 2,8 = ______

c) 3,05 + 7,12 = ______ d) 0,203 + 1,440 = ______

e) 6,6 − 2,3 = ______ f) 1,68 − 0,55 = ______

g) 5,26 − 3,99 = ______ h) 25,12 − 23,105 = ______

2 Berechne.

a) 7,46 + 23,551 + 0,402 b) 125,244 − 83,178 c) 48,201 − 2,88 − 12,067

3 Frau Meier war einkaufen. Gib das Gesamtgewicht des Einkaufs in Kilogramm (Gramm) an.

4 Du siehst den Kontoauszug der Familie Yilmaz vom Monat Mai.

Datum	Vorgang	Belastungen	Gutschrift
01.05.	Lastschrift „Miete“	1350	
03.05.	Überweisung „Westermann Verlag“	46,30	
07.05.	EC-Karte „Supermarkt“	132,70	
11.05.	Überweisung „Lohn“		1850
15.05.	Überweisung „Kindergeld“		558
25.05	EC-Karte Tankstelle	83,79	
Kontostand am 31.05.		2285,21 Haben	

a) Wie viel wurde im Mai von Familie Yilmaz’ Konto abgebucht?

b) Wie hoch war der Kontostand zu Beginn des Monats?

Test 3: Multiplizieren und dividieren

1 Ergänze in folgender Multiplikationstabelle alle fehlenden Zahlen. Schaffst du das im Kopf?

·	6	0,5		
0,8				
	8,4			1,68
0,02			2,6	

2 Multipliziere schriftlich und runde dein Ergebnis auf die zweite geltende Dezimalstelle. („Geltend" ist eine von Null verschiedene Ziffer.)

a) $0{,}82 \cdot 2{,}75$　　b) $13{,}908 \cdot 0{,}47$　　c) $0{,}095 \cdot 0{,}00562$

3 Dividiere schriftlich und runde auf Hundertstel.

a) $5{,}448 : 12$　　b) $2{,}7696 : 1{,}2$　　c) $0{,}707 : 0{,}11$

4 Bestimme den Flächeninhalt der Figuren.

a)

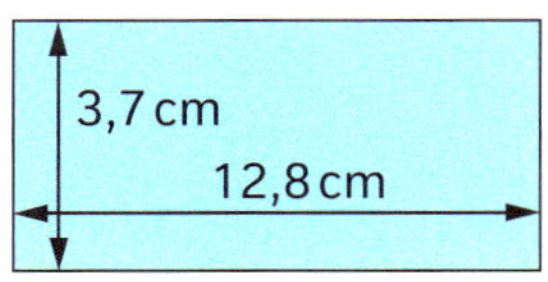

b)

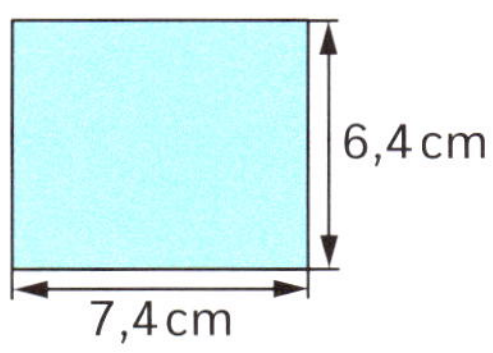

Test 4: Aufgaben für Experten

üben

1 Multipliziere die Summe aus 2,48 und 6,152 mit der Differenz aus 7,93 und 6,45.

2 a) Wandle $\frac{1}{9}$, $\frac{4}{9}$, $\frac{7}{9}$ sowie $\frac{1}{99}$, $\frac{5}{99}$ und $\frac{43}{99}$ in Dezimalbrüche um.

b) Was fällt dir auf? Formuliere daraus eine allgemeine Regel für Brüche mit dem Nenner 9 bzw. 99.

c) Wandle mithilfe deiner Regel folgende periodische Dezimalbrüche in Brüche um: $0,\overline{5}$; $0,\overline{13}$; $0,\overline{35}$; $0,\overline{8}$; $0,\overline{98}$

3 Herr Meyer fährt im Jahr 28 000 km mit seinem Pkw.
Sein Auto verbraucht durchschnittlich 6,9 l auf 100 km.
Zu Beginn des Jahres kostet der Liter Super 1,49 €.

a) Wie viel müsste Herr Meyer in diesem Jahr für Benzin bezahlen, wenn der Preis für einen Liter immer gleich bleiben würde?

b) Tatsächlich gibt es im Laufe des Jahres eine Benzinpreiserhöhung. Nach 14 200 gefahrenen Kilometern erhöht sich der Preis auf 1,55 € pro Liter. Wie viel muss Herr Meyer mehr bezahlen als kalkuliert?

4 a) Ein Bruch $\frac{a}{b}$ wird durch die Division a : b in einen Dezimalbruch verwandelt, es entsteht ein periodischer Dezimalbruch. Begründe, warum dieser Dezimalbruch spätestens nach b – 1 Divisionsschritten periodisch werden muss. (Tipp: Probiere mit verschiedenen Brüchen aus!)

b) Kannst du die Dezimalzahl 0,101 001 000 100 001 … als Bruch darstellen?

Klassenarbeit Nr. 6

45 min

können

1 Setze das richtige Zeichen (<, >, =) ein. /2

a) 4,5269 ☐ 4,5271 b) 0,59 ☐ $\frac{27}{50}$ c) $\frac{2}{3}$ ☐ $0,\overline{6}$; d) 5,7676 ☐ $5\frac{76}{99}$

2 Wandle um in /6

a) Brüche und kürze so weit wie möglich.

0,12 = ______ ; 1,725 = ______ ; $0,\overline{67}$ = ______

b) Dezimalbrüche.

$\frac{13}{25}$ = ______ ; $\frac{81}{300}$ = ______ ; $\frac{13}{8}$ = ______

3 Berechne im Kopf, welche Zahl du für x einsetzen musst. /3

a) 2,47 – x = 1,19 ______

b) x – 1,85 = 7,99 ______

c) 0,4 · 0,13 = x ______

4 Ein Elektronikfachgeschäft macht Werbung für Fernseher. Die Bildschirmdiagonale ist sowohl in cm als auch Zoll angegeben. 1" (1 Zoll, englisch *inch*) misst 2,54 cm.

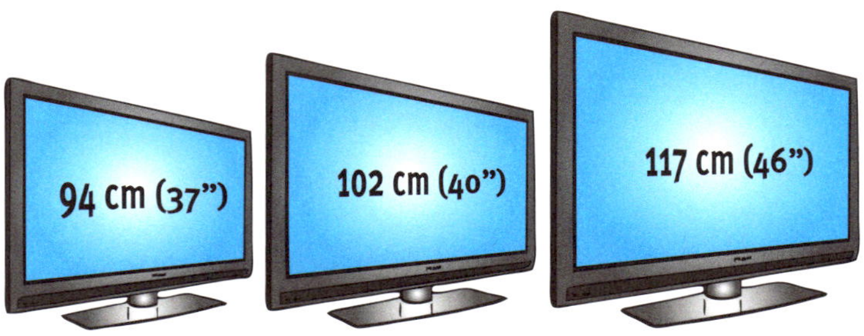

a) Berechne die exakten Bildschirmdiagonalen der abgebildeten Fernseher.

b) Stimmen die Angaben des Elektronikmarktes, wenn man auf ganze Zahlen rundet? /3

______

______

können

5 Pascal glaubt, dass seine Familie zuhause ganz besonderes Geschirr hat. Er hat nämlich bei drei verschieden großen Tellern den Umfang gemessen und durch den Durchmesser geteilt. Dabei ist ihm etwas aufgefallen. Was? Rechne nach.

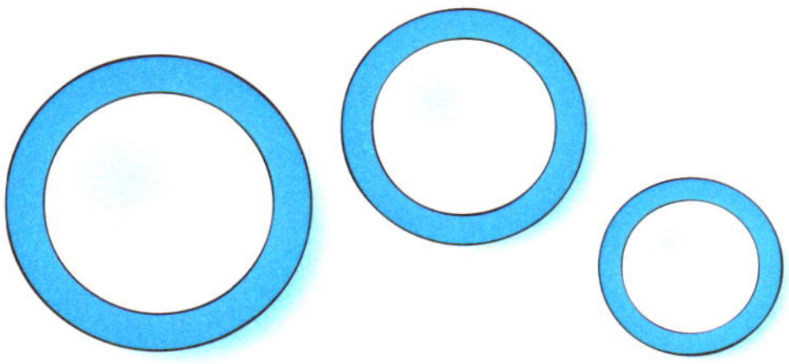

1: Umfang: 78,5 cm, Durchmesser: 25 cm
2: Umfang: 62,8 cm, Durchmesser: 20 cm
3: Umfang: 47,1 cm, Durchmesser: 15 cm

/3

6 Frau Peters möchte in eine größere Wohnung ziehen.
In der Zeitung findet sie folgende Angebote:

Wohnung 1:

Zentrumsnah, 3,5 Zimmer,
62 m^2 Wohnfläche, Balkon, Keller,
440,– € KM, 80 € NK

Wohnung 2:

Gemütliche 3-Zimmer-Wohnung,
84 m^2 Wohnfläche, 2 x Balkon,
690 € WM

KM = Kaltmiete, NK = Nebenkosten, WM = Warmmiete

a) Was musst du ausrechnen, wenn du die Mietpreise miteinander vergleichen willst? ______________________________

b) Welche Wohnung ist die günstigere?

/5

können

7 ✷✷✷ Herr Fischer möchte mit den 34 Schülerinnen und Schülern der 6c einen Ausflug in einen Freizeitpark machen. Er nimmt die Sportlehrerin als Begleitung mit. Der Eintritt in den Park kostet 5,70 € pro Schüler und 7,50 € pro erwachsene Begleitperson. Für die Fahrt zum Park stehen ihm zwei Möglichkeiten zur Verfügung: entweder mit dem Zug (Gruppentageskarte für 5 Personen zu 39 €) oder einem Bus (Preis für Hin- und Rückfahrt 300 €). Herr Fischer legt die Kosten der Erwachsenen auf die Schüler um.

a) Berechne die Gesamtkosten der Fahrt (billigere Variante!) und den Preis für jeden einzelnen Schüler.

b) Kurzfristig wird ein Schüler krank.
Ist es für Herrn Fischer sinnvoll, die Reisevariante zu ändern?

/ 8

erreichte Punktzahl

/ 30

7 Daten und Zufall

Daten erfassen

Notiert man die Daten in der auftretenden Reihenfolge, ohne sie wie in einer Strichliste zu sortieren, dann spricht man von einer **Urliste**.

Wenn man Daten sammelt, also zum Beispiel eine Umfrage durchführt, Pflanzen bestimmt und zählt, oder vergleicht wer in der Familie die meisten SMS schreibt, dann nennt man das eine **statistische Erhebung**.
Bevor man solche Daten erhebt, muss man sich klar machen, nach welchem Merkmal man sucht (z. B. mit welchem Verkehrsmittel kommen die Schüler deiner Schule zur Schule) und welche Werte das Merkmal annehmen kann (Auto, Bus, Zug, Fahrrad, zu Fuß).
Das Ergebnis kann in einer Strichliste festgehalten werden.

Beispiel 1: Eine Umfrage zum Verkehrsmittel mit dem die Schülerinnen und Schüler der Klassenstufe 6 zur Schule kommen, hat an einer Realschule folgende Strichliste ergeben:

Auto	Bus	Zug	Fahrrad	zu Fuß
卌 卌 卌 II	卌 卌 卌 卌 III	卌 卌 卌 IIII	卌 卌 卌 卌 卌 II	卌 卌 卌 III

Absolute Häufigkeiten

Die Anzahl eines Merkmalswertes (z. B. 19 bei Zug) nennt man die **absolute Häufigkeit** H. Da es übersichtlicher ist, Zahlenwerte als Striche zu haben, wandelt man die Strichliste in der Regel in eine **Liste der absoluten Häufigkeiten** um.
Die Anzahl der gesammelten Daten nennt man den **Umfang der statistischen Erhebung**, oder kurz den **Stichprobenumfang** n.

Beispiel 2: Die Strichliste der Erhebung aus Beispiel 1 führt zu folgender Liste absoluter Häufigkeiten:

Auto	Bus	Zug	Fahrrad	zu Fuß	Stichprobenumfang n
17	23	19	27	18	104

Relative Häufigkeiten

Möchte man die Ergebnisse von statistischen Erhebungen miteinander vergleichen (wenn beispielsweise an einer anderen Schule die gleiche Umfrage zum Schulweg durchgeführt wurde), können die absoluten Häufigkeiten irreführend sein. Unterscheidet sich der Stichprobenumfang (im Beispiel die Anzahl befragter Schüler) der einen Erhebung stark von dem der anderen, beeinflusst das auch die absoluten Häufigkeiten.

Beispiel 3: Die gleiche Umfrage wurde an einer Realschule in einer Nachbargemeinde durchgeführt.

Strichliste:

Auto	Bus	Zug	Fahrrad	zu Fuß
卌 卌 卌 卌 II	卌 卌 卌 IIII	卌 卌 卌 卌 卌 IIII	卌 卌 卌 卌 卌 卌 卌 卌 卌 I	卌 卌 卌 卌 卌 II

Liste der absoluten Häufigkeiten:

Auto	Bus	Zug	Fahrrad	zu Fuß	Stichprobenumfang n
22	19	29	46	27	143

Möchte man nun wissen, in welcher Schule im Verhältnis mehr Schüler mit dem Auto zur Schule gebracht werden, könnte man auf den ersten Blick meinen, dass sei in der zweiten Schule der Fall, denn 22 sind mehr als 17.
Tatsächlich aber kann man die beiden absoluten Häufigkeiten schlecht miteinander vergleichen, da die beiden Schulen sehr unterschiedliche Schülerzahlen in der Jahrgangstufe 6 haben. Um eine Vergleichbarkeit herzustellen, muss man für beide Umfragen die relativen Anteile der Merkmalswerte ausrechnen. Man nennt einen solchen Anteil die **relative Häufigkeit** h.

Es gilt $\mathbf{h} = \frac{\text{absolute Häufigkeit}}{\text{Stichprobenumfang}} = \frac{H}{n}$.

Die relative Häufigkeit kann als Bruch oder in Prozent angegeben sein.
Die Summe aller relativen Häufigkeiten muss immer 1 (100 %) ergeben.

Beispiel 4: Für die beiden oben genannten Umfragen gilt dann:

Realschule 1:

	Auto	Bus	Zug	Fahrrad	zu Fuß	Summe
abs. Häufigkeit H	17	23	19	27	18	104
rel. Häufigkeit h	$\frac{17}{104}$ $\approx$ **16,3 %**	$\frac{23}{104}$ $\approx$ **22,1 %**	$\frac{19}{104}$ $\approx$ **18,3 %**	$\frac{27}{104}$ $\approx$ **26 %**	$\frac{18}{104}$ $\approx$ **17,3 %**	$\frac{104}{104} = 1$ = **100 %**

Realschule 2:

	Auto	Bus	Zug	Fahrrad	zu Fuß	Summe
abs. Häufigkeit H	22	19	29	46	27	143
rel. Häufigkeit h	$\frac{22}{143}$ $\approx$ **15,4 %**	$\frac{19}{143}$ $\approx$ **13,3 %**	$\frac{29}{143}$ $\approx$ **20,3 %**	$\frac{46}{143}$ $\approx$ **32,2 %**	$\frac{27}{143}$ $\approx$ **18,9 %**	$\frac{143}{143} = 1$ = **100 %**

Jetzt kann man leicht erkennen, dass in der zweiten Schule im Verhältnis etwas weniger Schüler mit dem Auto gebracht werden als in der ersten.

Daten darstellen

Aus der Tageszeitung oder aus Nachrichtensendungen im Fernsehen kennst du Diagramme.
Sie werden genutzt, um statistische Erhebungen zu veranschaulichen.
Absolute Häufigkeiten werden oft in Säulen-, Balken- oder Bilddiagrammen dargestellt. Die Länge der Säulen (Balken), bzw. die Anzahl der Elemente in einem Bilddiagramm geben die jeweilige absolute Häufigkeit an.

Säulendiagramm

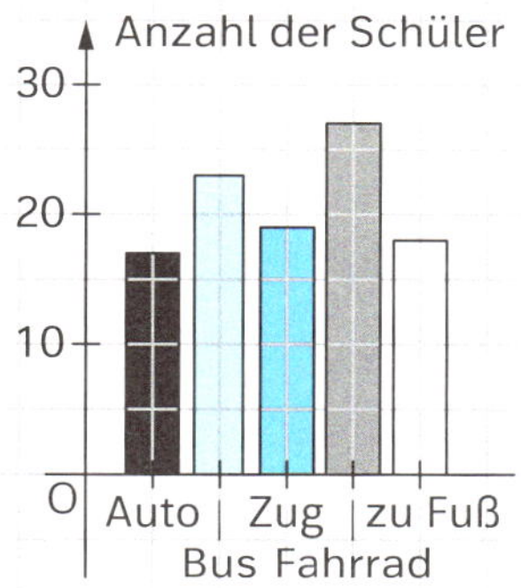

Balkendiagramm

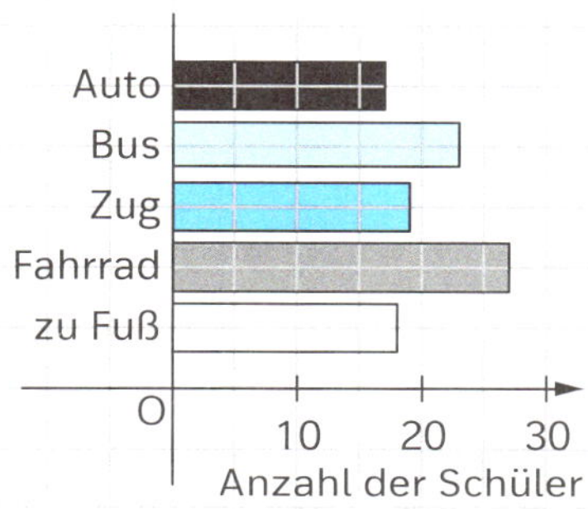

Bilddiagramm

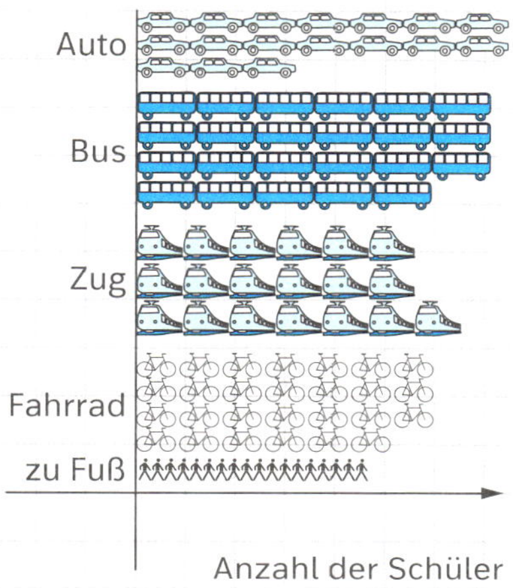

Relative Häufigkeiten stellt man dagegen meist in einem Streifen- oder Kreisdiagramm dar.
Für das Streifendiagramm wählt man z. B. 10 cm als 100 % (also 1 mm für 1 %).
Um die Länge des Streifenteils für z. B. die Fahrradfahrer (26 %) zu bekommen, berechnet man 26 % von 10 cm, also $10\,\text{cm} \cdot \frac{26}{100} = 10\,\text{cm} \cdot 0{,}26 = 2{,}6\,\text{cm}$.
Um die Größe der Bereiche eines Kreisdiagramms, der „Tortenstücke“, zu berechnen, bestimmt man 26 % von 360°
(zur Erinnerung: ein Kreis hat 360° ⇒ 1 % entspricht 3,6°): $360° = 3{,}6° \cdot 26 \approx 94°$.

Streifendiagramm

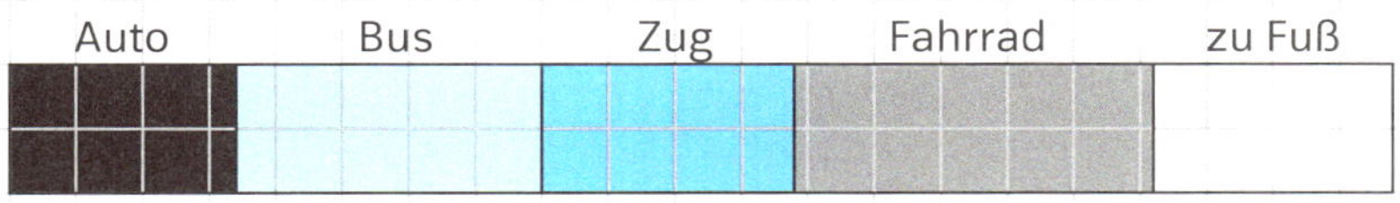

Kreisdiagramm

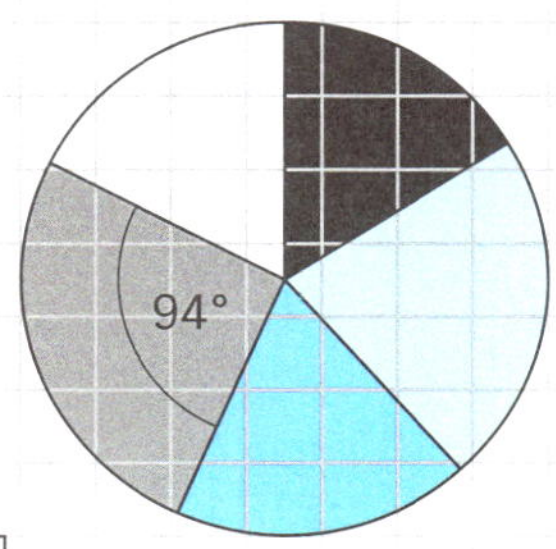

Arithmetisches Mittel und Spannweite

Kommen Werte mehrfach vor (z. B. die Note 3 8-mal, dann muss man diese Werte nicht alle einzeln zusammenzählen, sondern kann für die Summe aller Werte auch einfach $\ldots + 8 \cdot 3 + \ldots$ rechnen.

Neben der Erstellung von Listen und Diagrammen gibt es einige wichtige Werte, sogenannte **Kenngrößen**, die bei der Auswertung von Daten eine Rolle spielen.
Das arithmetische Mittel (oft auch nur Mittelwert) ist der „Durchschnitt" aller Werte einer Datenerhebung, zum Beispiel der Durchschnitt einer Klassenarbeit.
Man berechnet ihn, indem man die Summe aller Werte durch die Anzahl der Werte teilt.
Also $\overline{x} = \frac{\text{Summe aller Werte}}{\text{Stichprobenumfang}}$.

Beispiel 5: Eine Klassenarbeit ergab folgende Notenverteilung.

Note	1	2	3	4	5
Anzahl	4	7	11	4	3

Die Durchschnittsnote (arithmetisches Mittel) ist:

$$\overline{x} = \frac{4 \cdot 1 + 7 \cdot 2 + 11 \cdot 3 + 4 \cdot 4 + 3 \cdot 5}{29} \approx 2{,}8$$

Als **Spannweite** bezeichnet man die Differenz zwischen dem größten (**Maximum**) und kleinsten (**Minimum**) Wert eines Datensatzes.
Beispiel 6: Tom misst die Größe seiner Freunde: Erdem: 1,73 m, Max: 1,64 m, Jonas: 1,69 m, Gianfranco: 1,78 m.
Die Spannweite beträgt 178 cm − 164 cm = 14 cm.

Median (Zentralwert) und Modalwert

Kann man die Daten zu einer Rangliste ordnen (von klein nach groß), kann als „Mittelwert" der **Zentralwert** (Median) angegeben werden.
Bei einer **ungeraden** Anzahl von Werten ist es genau der, der in der Mitte steht.
Bei einer **geraden** Anzahl von Werten ist der Median das arithmetische Mittel der beiden in der Mitte stehenden Werte.
Beispiel 7: Mirco misst in einer Woche, wie lange er mit dem Fahrrad zu Schule braucht und sortiert die Ergebnisse der Größe nach: 12 min, 12 min, 13 min, 14 min, 15 min. Der Median ist 13 min. Nun nimmt er noch das Ergebnis vom nächsten Montag dazu und sortiert wieder: 12 min, 12 min, 13 min, 14 min, 14 min, 15 min. Für den Median gilt nun (gerade Anzahl Werte)

$$\text{Median} = \frac{(13 + 14)\,\text{min}}{2} = 13{,}5\,\text{min}.$$

Der **Modalwert** ist der häufigste Wert einer Liste.
Achtung: Es kann auch mehrere häufigste Werte (Modalwerte) geben.
Beispiel 8: (Fortsetzung von Beispiel 7): In Mircos erster List ist der Modalwert = 12 min, in seiner zweiten Liste gibt es zwei Modalwerte, 12 min und 14 min.

Zufall und Wahrscheinlichkeit

Wenn man würfelt, kann man die auftretende Augenzahl nicht vorhersagen. Auch beim Werfen einer Münze kann man weder Kopf noch Zahl voraussagen, und ebensowenig sind die Gewinnzahlen der nächsten Lottoziehung prognostizierbar. Jeder Vorgang, der zwar genau beschreibbar und beliebig oft wiederholbar, dessen Ausgang aber ungewiss ist, wird als **Zufallsexperiment** bezeichnet, und man nennt jeden möglichen Versuchsausgang ein **Ergebnis**. Alle Ergebnisse werden zur **Ergebnismenge** $S = \{e_1; e_2; e_3 \ldots\}$ zusammengefasst.

Beim Zufallsexperiment „Würfeln" sind die Ergebnisse 1, 2, 3, 4, 5 oder 6 denkbar. ($S = \{1; 2; \ldots; 6\}$), beim „Ziehen der ersten Lottokugel" sind es die Ergebnisse 1, 2, ..., 49 ($S = \{1; 2; 3; \ldots; 49\}$).

Mehrere Versuchsausgänge (Ergebnisse) ergeben zusammen ein **Ereignis**. Ereignisse werden in Wortform oder in der Mengenschreibweise angegeben. Eine Ereignismenge ist immer eine Teilmenge der Ergebnismenge S. Ereignisse mit nur einem Element nennt man **Elementarereignisse**.

Beispiel 9: Beim Würfeln wären z. B. die Ereignisse A: *Würfeln der Zahl 6* $A = \{6\}$ (Elementarereignis); B = *Würfeln einer geraden Zahl* $B = \{2; 4; 6\}$ etc. denkbar.

Laplace-Experimente und Wahrscheinlichkeiten

Alle Ergebnisse, die nicht zu einem Ereignis E gehören, liegen im sogenannten ***Gegenereignis*** *$\overline{E}$ (E quer).*
Es gilt $p(E) + p(\overline{E}) = 1$,
bzw. $p(E) = 1 - p(\overline{E})$.

Während die Symmetrie eines Würfels festlegt, dass für jede Augenzahl **die gleiche Chance** besteht, wird dies in einer Lotto-Urne durch die Gleichartigkeit der Kugeln und durch die gezielt herbeigeführte völlige Unordnung vor dem Ziehen der Kugel erreicht. Dem französischen Mathematiker Pierre Simon Marquis de Laplace (1749–1827) verdanken wir diese Überlegungen.
Wir sprechen daher in solchen Fällen von einem **Laplace-Experiment** und können die **Wahrscheinlichkeit p(A)** (lies: „p von A") für ein Ereignis A folgendermaßen berechnen:

$$p(A) = \frac{\text{Anzahl der für A günstigen Ausgänge}}{\text{Anzahl aller möglichen Ausgänge}} \quad \text{(Laplace-Formel)}$$

Beispiel 10: Ereignis A = *Würfeln der Zahl 6*; günstig: 6; möglich: 1, 2, 3, 4, 5, 6

$$\Rightarrow p(A) = \frac{1 \text{ (günstiger Ausgang)}}{6 \text{ (mögliche Ausgänge)}} = \frac{1}{6}$$

Beispiel 11: Ereignis B = *Würfeln einer geraden Zahl*; günstig: 2, 4, 6; möglich: 1, 2, 3, 4, 5, 6

$$\Rightarrow p(B) = \frac{3 \text{ (günstige Ausgänge)}}{6 \text{ (mögliche Ausgänge)}} = \frac{3}{6} = \frac{1}{2}$$

üben

Test 1: Daten erfassen

1 ✷ Die Klassen 6 a und 6 b der Goethe-Realschule führen eine Umfrage durch, wer welche Sportart am besten findet.

	Fußball	Tennis	Leichtathletik	Handball
6 a	~~IIII~~ II	IIII	~~IIII~~ I	~~IIII~~ I
6 b	~~IIII~~	II	~~IIII~~ IIII	~~IIII~~

a) Eine solche Liste nennt man eine ______________________.

Wandelt man die Anzahl der Striche in ______________________ um,

nennt man diese ______________________ und die entsprechende Tabelle

eine ____ Häufigkeiten.

b) Gib für beide Klassen die Häufigkeitslisten an.

Klasse 6 a	Fußball	Tennis	Leichtathletik	Handball	Summe
absolute Häufigkeit H					

Klasse 6 b	Fußball	Tennis	Leichtathletik	Handball	Summe
absolute Häufigkeit H					

2 ✷✷ Felix aus der 6 a und Jessica aus der 6 b unterhalten sich auf dem Heimweg über das Ergebnis. Felix sagt: „Das ist ja lustig, in beiden Klassen ist Handball genau gleich beliebt". Jessica antwortet: „Das stimmt nicht, in unserer Klasse ist Handball beliebter!"
Begründe, auf welche Ergebnisse sich beide mit ihre Aussage beziehen.

____

____

____

3 ✷✷ Die Schülerinnen und Schüler der 6 a und 6 b möchten die Ergebnisse ihrer Umfragen miteinander vergleichen. Dazu benötigen sie die relativen Häufigkeiten. Hilf ihnen und ergänze die angefangene Liste:

	Fußball	Tennis	Leichtathletik	Handball	Summe
6 a	$\frac{7}{23} \approx$				$\frac{23}{23} \mathrel{\hat{=}}$
6 b	$\approx 22{,}7\,\%$				$\mathrel{\hat{=}} 100\,\%$

Test 2: Daten darstellen

1 ✷✷ Stelle die Umfrageergebnisse (Aufgabe 1 von Test 1) der Klasse 6 a als Säulendiagramm der absoluten Häufigkeiten und die der 6 b als Kreisdiagramm mit den relativen Häufigkeiten (in %) dar.

6 a:

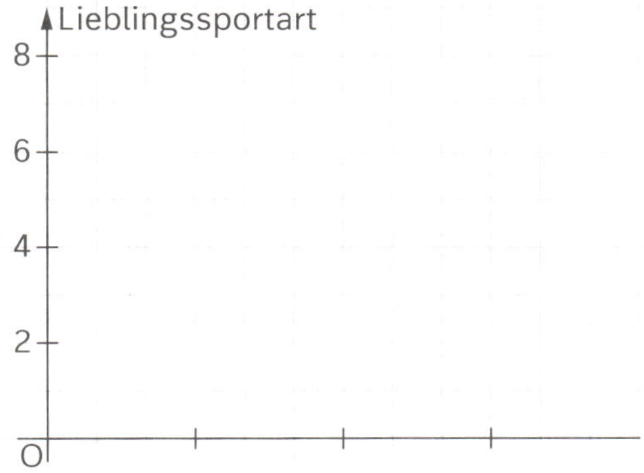

6 b:

2 ✷✷ Die Umfrage in einer 6. Klasse nach dem Lieblingsfach ergab folgende Strichliste.

Lieblingsfach	Deutsch	Englisch	Mathe	Sport	Biologie
Nennungen	~~IIII~~	III	IIII	~~IIII~~ II	~~IIII~~ I

a) Erstelle eine Liste der absoluten und relativen Häufigkeiten.

Lieblingsfach	Deutsch	Englisch	Mathe	Sport	Biologie	Summe
absolute Häufigkeit H						
relative Häufigkeit h (in %)						

b) Stelle die absoluten Häufigkeiten in einem Balkendiagramm dar.

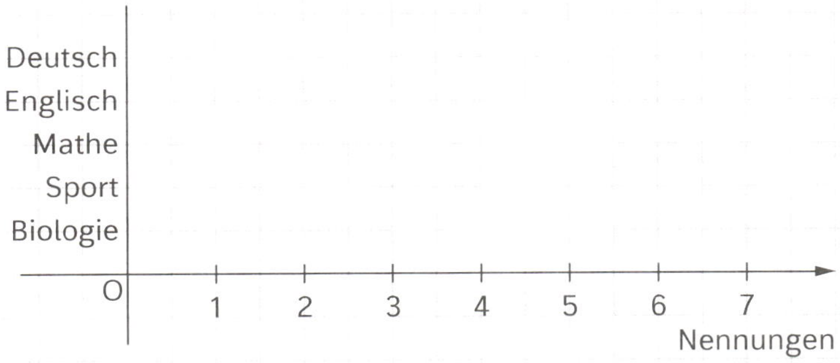

c) Prüfe, ob das abgebildete Kreisdiagramm zu den relativen Häufigkeiten passt. Miss dazu die Winkel der einzelnen Kreisausschnitte und rechne sie in Anteile um.

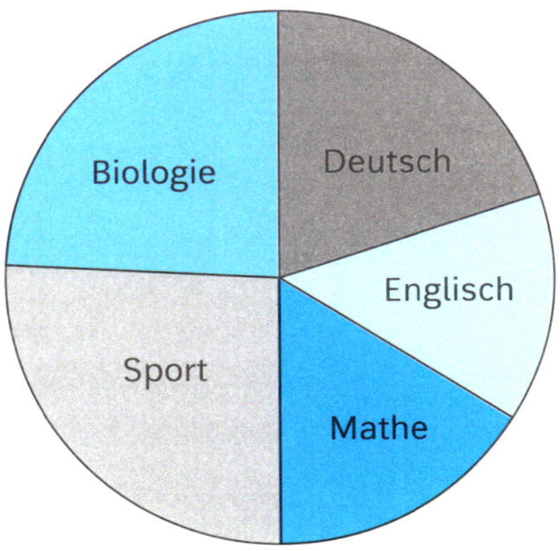

Test 3: Daten vergleichen

üben

1 In der Tabelle siehst du einige Daten der Abschlusstabelle der Bundesligasaison 2011/2012, in der Dortmund Meister wurde und Köln und Kaiserslautern direkt abgestiegen sind.

Platz	Mannschaft	+ Tore	– Tore	Punkte
1	Borussia Dortmund	80	25	81
2	Bayern München	77	22	73
3	Schalke	74	44	64
16	Hertha BSC Berlin	38	64	31
17	1. FC Köln	39	75	30
18	1. FC Kaiserslautern	24	54	23

a) Wie viele Tore haben die sechs Mannschaften im Durchschnitt geschossen (+ Tore) und wie viele erhalten (– Tore)?

b) Gibt die Spannweite der gewonnenen Punkte an.

c) Bestimme den Median der erhaltenen Tore.

2 Zwei Messreihen ergaben folgende Werte:

Reihe 1	41	52	35	37	62	48	42	39	42	51
Reihe 2	50	37	51	48	39	58	46	40	55	

a) Bestimme für beide Messreihen den Median, das arithmetische Mittel und den Modalwert.

b) Wie müsste ein weiterer Wert in der Reihe 2 ausfallen, damit ihr neuer Median 48 ist?

3 Die Tabelle ist das Ergebnis einer Datenerhebung zu den Fehltagen der Mitarbeiter in einer Firma.

Anzahl Fehltage	0	1	2	4	5	8	Summe
Mitarbeiter	14	8	9		6	5	48

a) Vervollständige die Tabelle.

b) Berechne das arithmetische Mittel. Was bedeutet dieser Wert?

c) Bestimme den Median.

Test 4: Zufallsexperiment, Wahrscheinlichkeit

üben

1 Nichts als Zufall? Kreuze alle „Zufallsexperimente“ an.

✷

a) ☐ Wählen einer Telefonnummer
b) ☐ Ziehen eines Gewinnloses am Schulfest
c) ☐ Würfeln eines Pasches (zwei gleiche Zahlen) mit zwei Würfeln
d) ☐ Das Wetter an deinem Geburtstag
e) ☐ das Öffnen deines Fahrradschlosses, wenn du die Zahlenkombination vergessen hast

2 Welche Ergebnisse sind möglich beim

✷ ✷

a) Werfen einer Münze?
b) Würfeln mit zwei Würfeln, wenn das Produkt der Augenzahlen gesucht ist?
c) Ziehen einer Kugel (gerade Zahlen von 2 bis 10) aus einem Gefäß (Urne)?

____

____

3 Kreuze die Zufallsexperimente an, bei denen Laplace-Wahrscheinlichkeiten bestimmt werden können.

✷

☐ Werfen eines fairen Würfels
☐ Kugel aus einer Urne ziehen
☐ Werfen eines gezinkten Würfels
☐ Werfen einer Reißzwecke

4 Wie groß ist beim Werfen eines fairen Würfels die Wahrscheinlichkeit, dass ...

✷

a) die Augenzahl 2 erscheint (A)? ______________
b) die Augenzahl 5 erscheint (B)? ______________
c) die Augenzahl ungerade ist (C)? ______________
d) die Augenzahl größer als 2 ist (D)? ______________
e) die Augenzahl durch 7 teilbar ist (E)? ______________

5 a) Begründe, warum sich die Chancen für alle Zahlen des abgebildeten Glücksrades als Laplace-Wahrscheinlichkeiten angeben lassen.

✷ ✷

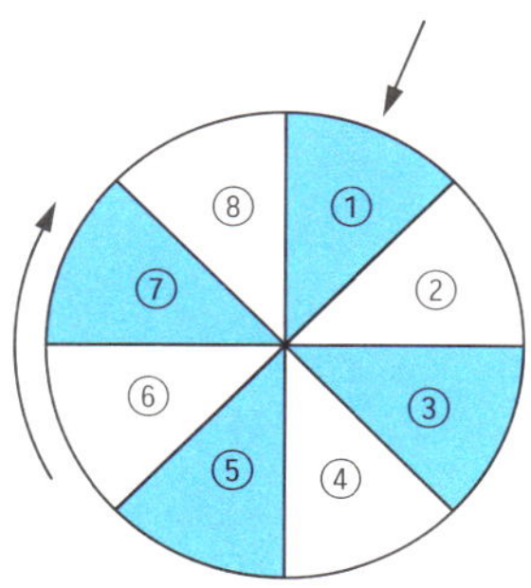

____

____

b) Mit welcher Wahrscheinlichkeit ist die Gewinnzahl ...

größer als 5 (A)? ______________

kleiner als 6 (B)? ______________

eine Primzahl (C)? ______________

Klassenarbeit Nr. 7

60 min

können

1 ✷ Der Verein „Ruhige Innenstadt“ beauftragt die 6. Klassen der örtlichen Gesamtschule, eine Verkehrszählung durchzuführen. Die Schülerinnen kommen zu folgendem Ergebnis:

Pkw	Lkw	Motorrad	Fahrräder	sonstige
𝍸 𝍸 𝍸 𝍸 𝍸 𝍸 𝍸 𝍸 𝍸 𝍸 𝍸 𝍸 𝍸 𝍸 𝍸 𝍸 III	𝍸 𝍸 II	𝍸 𝍸 𝍸 𝍸 III	𝍸 𝍸 𝍸 𝍸 𝍸 𝍸 𝍸 I	𝍸 𝍸

a) Eine solche Liste heißt

____.

b) Erstelle eine Liste mit den absoluten Häufigkeiten.

Absolute Häufigkeit					

b) Zeichne ein Säulendiagramm.

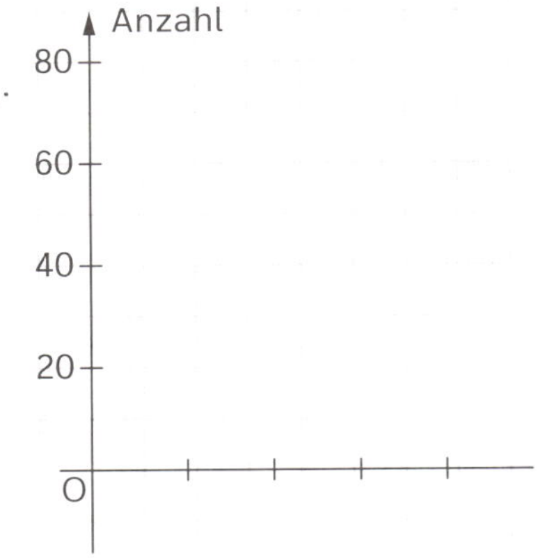

/5

2 ✷✷ Das Bilddiagramm zeigt, was die Schülerinnen und Schüler der Ludwig-Meier-Gesamtschule auf die Frage geantwortet haben, was sie im Sommer in ihrer Freizeit am liebsten machen. Dabei steht ein Symbol für 20 Personen.

a) Wie viele Schülerinnen und Schüler wurden insgesamt befragt?

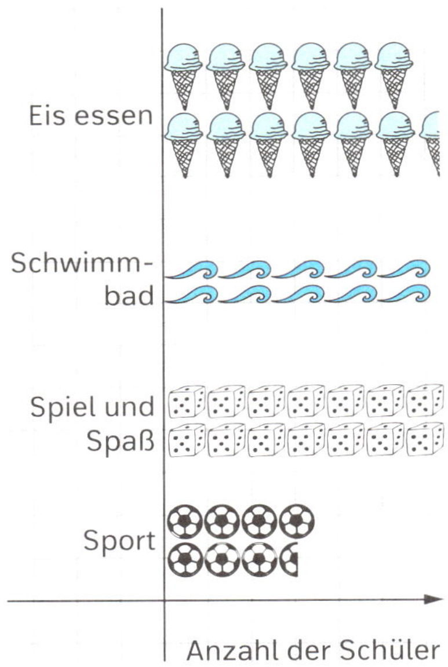

b) Ergänze die Liste.

Aktivität	Eis essen	Schwimmbad	Spiel und Spaß	Sport
Absolute Häufigkeit				
Relative Häufigkeit				

/6

können

3 Bei der Bürgermeisterwahl in Ahausen ergab der erste Wahlgang folgendes Ergebnis: Herr Maier: 2470 Stimmen, Frau Contento 1160 Stimmen, Herr Steiner 5290 Stimmen, Frau Basler den Rest der 12 000 abgegebenen Stimmen.

a) Hat einer der Bewerber die absolute Mehrheit errungen, oder muss es zu einer Stichwahl zwischen den beiden aussichtsreichsten Bewerbern kommen? Wenn ja, zwischen welchen beiden?

____

____

____

b) Erstelle eine Liste mit den prozentualen Stimmanteilen der vier Bewerber. Runde die Anteile auf ganze Zahlen.

Herr Maier	Frau Contento	Herr Steiner	Frau Basler

c) Stelle die Anteile aus b) in einem Kreisdiagramm dar.

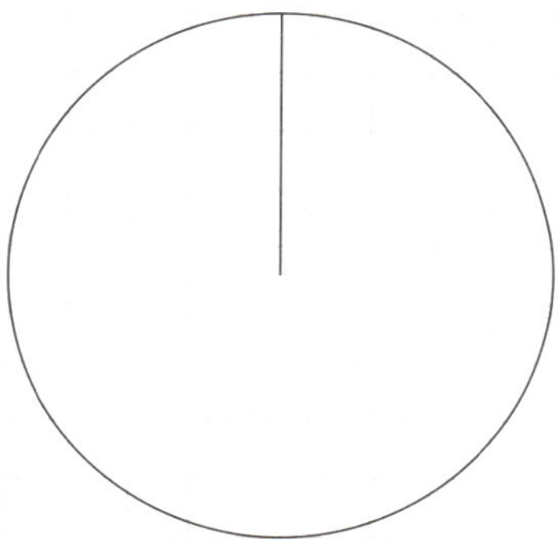

/6

4 Bei einem Weitsprungwettbewerb wurden folgende Weiten gemessen: 3,68 m; 4,02 m; 3,97 m; 4,15 m; 3,68 m; 4,08 m; 3,98 m.

a) Welche Weite wurde an dem Wettkampftag durchschnittlich gesprungen?

b) Wie groß war die Spannweite der Sprünge?

c) Bestimme den Median und den Modalwert.

/5

können

5 Eine Klassenarbeit ergab folgende Notenverteilung:

Note	1	2	3	4	5	6
Anzahl	5	10	8	4	1	0

a) Bestimme die Durchschnittsnote der Klassenarbeit.

b) Bestimme den Zentralwert.

c) Rahel und Nils waren am Tag der Arbeit krank und haben nicht mitgeschrieben. Sie schreiben die Arbeit nach. Nachdem der Lehrer die beiden Noten mit in die Liste aufgenommen hat, hat sich der Durchschnitt der Klassenarbeit nicht verändert. Welche Noten könnten Rahel und Nils geschrieben haben?

d) Ändert sich durch die Hinzunahme der beiden Noten der ursprüngliche Median? Begründe.

/5

6 Es wird gewürfelt.

a) Notiere alle möglichen Ergebnisse, wenn beim Werfen mit einem Würfel gelten soll:

(1) gerade Augenzahlen ____________ (2) Primzahlen ____________

(3) Zahlen größer als 4 ____________ (4) Teiler von 12 ____________

b) Berechne die Wahrscheinlichkeiten der Ereignisse aus Teilaufgabe a).

p(1) = ____________ p(2) = ____________

p(3) = ____________ p(4) = ____________

/8

können

7 Ein Glücksrad mit sechs Sektoren enthält die Zahlen von 0 bis 5.

✷✷

a) Wie groß müssen die Winkel der Sektoren sein, damit das Drehen des Glücksrades ein Laplace-Experiment ist?

____

b) Wie groß ist die Wahrscheinlichkeit, die Zahl 4 zu drehen (Ereignis A)?

____

c) Mit welcher Augenzahl ist die gedrehte Zahl eine Primzahl (B)?

____

/3

8 Eine Urne enthält für jeden Buchstaben des Alphabets genau eine beschriftete Kugel. Tina hat bereits die drei Buchstaben F, E und S in dieser Reihenfolge gezogen. Mit welcher Wahrscheinlichkeit zieht sie als vierte Kugel …

✷✷

a) den Buchstaben T, damit das Wort FEST gebildet wird?

____

b) einen weiteren Konsonanten (Mitlaut)?

____

c) einen alphabetischen Vorgänger oder Nachfolger der schon gezogenen Buchstaben?

____

/6

9 Mit welcher Wahrscheinlichkeit hat eine zufällig bestimmte Person …

✷✷✷

a) im gleichen Monat Geburtstag wie du? ____________________

b) am gleichen Tag Geburtstag wie du? ____________________

/2

erreichte Punktzahl

/ 46

verstehen

8 Terme und Gleichungen

Terme mit Variablen

Symbole oder Zeichen, die Zahlen oder Buchstaben ersetzen, nennt man **Variablen.** Meist werden (Klein-)Buchstaben verwendet. Ein **Term** ist ein Rechenausdruck, der Zahlen, Variablen und Rechenzeichen enthalten kann.

Beispiel 1: $: 4 + x$; $3 \cdot a - b$; $5 \cdot x + 3 \cdot y - 18$; $\frac{12 - 9 \cdot c}{4}$

Steht zwischen einer Zahl und einer Variablen ein Multiplikationszeichen, kann dieses weggelassen werden. Statt $5 \cdot x + 3 \cdot y - 18$ schreibt man dann $5x + 3y - 18$.

Berechnen von Termwerten

Wenn man für die Variablen Zahlen einsetzt, entsteht ein Rechenausdruck, dessen Wert man berechnen kann.

Beispiel 2: $4 \cdot a - 3 \cdot b$; für $a = 5$ und $b = 6$ gilt: $4 \cdot 5 - 3 \cdot 6 = 20 - 18 = 2$.

Aufstellen von Termen

In der Mathematik kommt man immer wieder in die Situation, dass man bestimmte Zusammenhänge mithilfe eines Terms beschreiben möchte. Beim **Aufstellen eines Terms** kann folgendes hilfreich sein:

- Mach dir klar, welche Größe du mit dem Term beschreiben willst.
- Überlege, von was diese Größe abhängt.
- Rechne ggf. mit einfachen Zahlen einige Beispiele aus und versuche so, Gesetzmäßigkeiten zu erkennen.
- Führe, wenn nicht schon vorgegeben, eine Variable ein.
- Stelle einen Term auf und überlege, ob du ihn noch vereinfachen (zusammenfassen) kannst.

Beispiel 3: a) Stelle einen Term für den Umfang des Vierecks auf, vereinfache ihn.

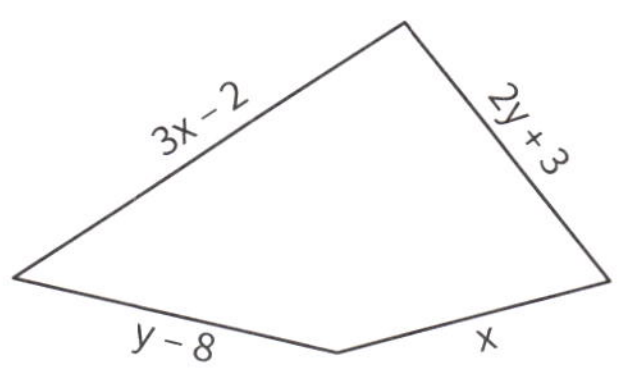

$u = y - 8 + x + 2y + 3 + 3x - 2 = 4x + 3y - 7$.

b) Marko bekommt zu seinem Geburtstag 100 €. Er beschließt zusätzlich wöchentlich von seinem Taschengeld 2,50 € zu sparen. Beschreibe Markos Sparbetrag mithilfe eines geeigneten Terms.

Gesucht ist ein Term für den angesparten Betrag: 1. Woche: 100 € + 2,50 € = 102,50 €; 2. Woche: 100 € + 2 · 2,50 € = 105 €. 3. Woche: 100 € + 3 · 2,50 € = 107,50 € usw. Für den Betrag nach x Wochen gilt: 100 € + x · 2,50 €

Gleichungen

Eine **Gleichung** entsteht durch zwei Terme, die durch ein Gleichheitszeichen miteinander verbunden sind. Gleichungen können keine, eine oder mehrere (auch verschiedene) Variablen enthalten. Kommen in der Gleichung keine Variablen vor, stellt sie entweder eine **wahre** oder **falsche Aussage** dar.

Beispiel 4: a) $3 \cdot x - 4 = 8$ (Gleichung mit einer Variablen)
b) $2 \cdot x + y = 6 \cdot x$ (Gleichung mit zwei Variablen)
c) $2 \cdot 3 = 6$ (wahre Aussage)
d) $4 : 2 = 3$ (falsche Aussage)

Eine Gleichung **lösen** heißt, dass man für die Variable den Wert sucht, für den die Werte beider Terme übereinstimmen. Einfache Gleichungen mit einer Variablen kann man entweder durch **Probieren** oder mithilfe der **Umkehraufgabe** lösen.

Beispiel 5: Löse die Gleichung $2 \cdot x + 5 = 13$ durch Probieren.
$x = 2$: $2 \cdot 2 + 5 = 9 \neq 13$
$x = 3$: $2 \cdot 3 + 5 = 11 \neq 13$
$x = 4$: $2 \cdot 4 + 5 = 13 = 13$ Beide Terme (links und rechts) des = haben den gleichen Wert, also ist $x = 4$ die gesuchte Lösung der Gleichung.

Beispiel 6: Löse die Gleichung $x + 12 = 30$ mithilfe der Umkehraufgabe.
$x = 30 - 12$
$x = 18$

Einfache Gleichungen wie die aus Beispiel 6 lassen sich auch im Kopf lösen. Frage dich dazu einfach, welche Zahl du für die Variable einsetzen musst, damit eine wahre Aussage entsteht.

üben

Test 1: Terme mit Variablen

1 Wobei handelt es sich um Terme?

✱

a) $3x + 8y$ ☐ b) $\frac{4-y}{3}$ ☐ c) $x = 3$ ☐

d) $4 \cdot (3 - x) + 5y$ ☐ e) $\frac{4}{3+a} - 2 = 0$ ☐ f) $6x - 2y = 3x$ ☐

2 Ordne jeder Figur den richtigen Term für den Umfang zu.

✱

a)

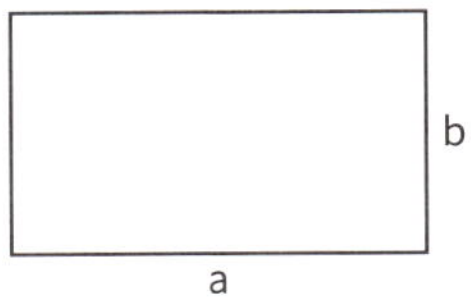

b)

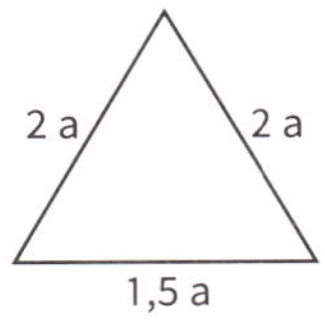

c)

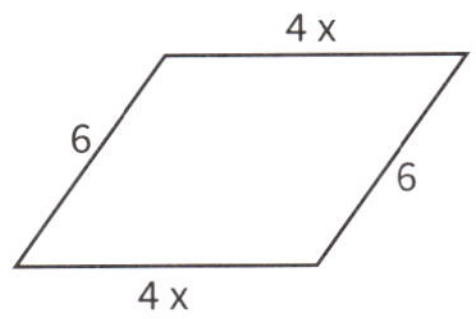

$5{,}5a$ $8x + 12$ $2a + 2b$

3 Ordne jedem Satz den richtigen Term zu.

✱

a) Zehn Orangen werden auf fünf Personen aufgeteilt.

b) Tim ist doppelt so alt wie seine Schwester Ida.

c) Max schießt an einem Spieltrag drei Tore mehr als Juri.

d) Acht wird um die Hälfte einer Zahl vermindert.

$2 \cdot x$ $x + 3$ $10 : 5$ $8 - \frac{1}{2}x$

4 Übersetze die Rechenvorschrift in einen Term.

✱✱✱

a) Addiere 5 zum Dreifachen einer beliebigen Zahl.

____

____

b) Subtrahiere 12 vom Fünffachen einer gedachten Zahl.

____

____

c) Addiere zum Doppelten einer Zahl ein Drittel der Zahl.

____

____

Test 2: Terme aufstellen und berechnen

1 Berechne

x	$2x - 3$	$6 + 8x$	$2x + 6 - x$	$\frac{6x + 2}{2}$
2				
3				
5				
6				

2 Löse.

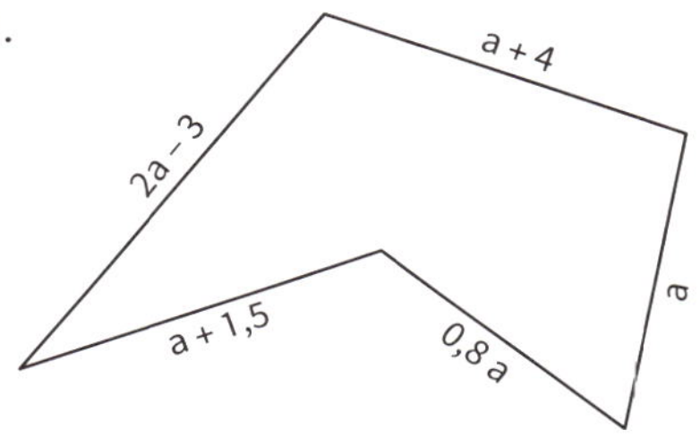

a) Stell einen Term für den Umfang der Figur auf.

____

b) Berechne den Wert des Terms aus a) für $a = 10$.

____

5 Vereinfach die Terme soweit wie möglich. Achte auf alle Rechenregeln!

a) $5x + 3x =$ ____________________

b) $13a + 4b - 9a =$ ____________________

c) $3 \cdot (2x + 4) - 3x + 5 =$ ____________________

d) $(2{,}5y - 6{,}2) \cdot 4 - 2 \cdot 3y + 4{,}1 =$ ____________________

6 Gegeben sind ein Drei- und ein Viereck.

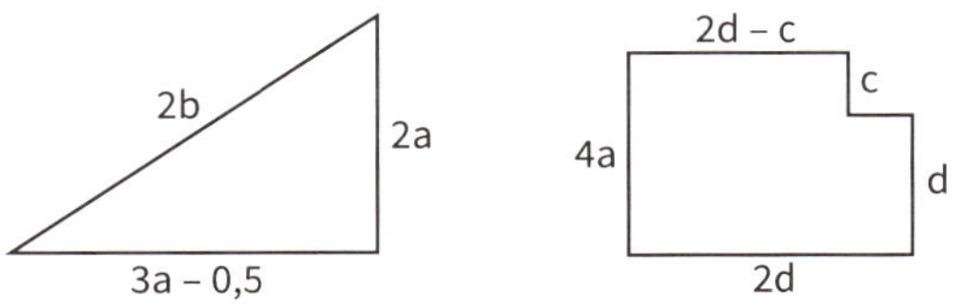

a) Stelle Terme für den Umfang und den Flächeninhalt der abgebildeten Figuren auf und vereinfache sie.

b) Berechne jeweils den Umfang und den Flächeninhalt für $a = 1{,}5$ cm; $b = 2{,}5$ cm; $c = 5$ m und $d = 15$ m.

Test 3: Gleichungen

üben

1 Löse die Gleichung im Kopf.

a) $2x = 14$ $x =$ ______ b) $x + 5 = 9$ $x =$ ______

c) $x + 2 = 10$ $x =$ ______ d) $2x - 3 = 7$ $x =$ ______

e) $15 + y = 23$ $y =$ ______ f) $5z - 13 = 22$ $z =$ ______

2 Mache die Probe, ob die angegebene Zahl eine Lösung ist. Setze sie dazu ein und prüfe, ob es eine wahre Aussage ergibt.

a) $2x + 21 = 33$ $x = 6$ b) $x \cdot 2{,}5 - 8 = 10$ $x = 8$

c) $47 - 3x = 38$ $x = 7$ d) $7 \cdot (x - 4) + 12 = 47$ $x = 9$

3 Löse die Gleichung durch Probieren.

a) $4x - 3 = 9$ b) $52 + 4x = 108$

c) $12 + x = 6 + 2x$ d) $6x - 7 = 5x + 1$

4 Gleichungen können auch in Textaufgaben „verborgen" sein. Übersetze den Text in eine Gleichung und löse sie. Gehe vor wie beim Aufstellen von Termen.

a) Addiert man zum Zweifachen einer Zahl 6, so erhält man 8.

b) Subtrahiert man von 12 das Doppelte einer Zahl, so erhält man 8.

c) Subtrahiert man von einer Zahl 6 und multipliziert das Ergebnis mit 5, so erhält man das Dreifache der gesuchten Zahl.

Klassenarbeit Nr. 8

45 min

können

1 1. Vereinfache folgende Terme. /4

a) $a + a + 4 + 2a + 3 + a =$ ______

b) $10x + 15 + 2x - 11 + x =$ ______

c) $(14x - 21y) : 7 =$ ______

d) $3 \cdot \left(\frac{1}{6}x + \frac{1}{3}\right) + 0{,}5x =$ ______

2 Stelle Terme für den Umfang auf. /4

a)

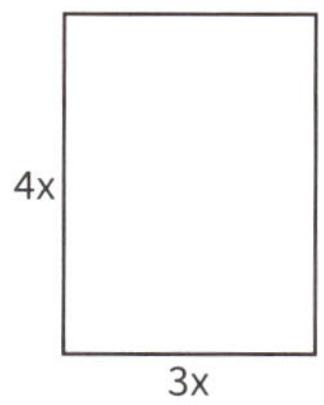

b)

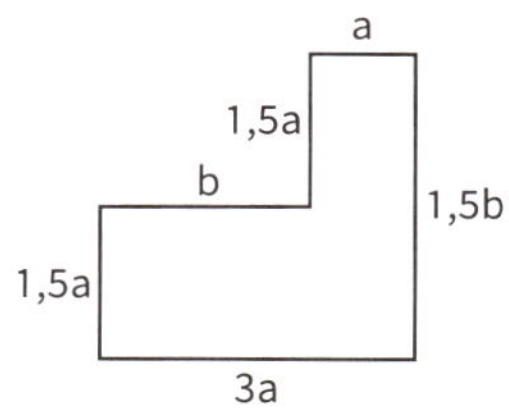

c)

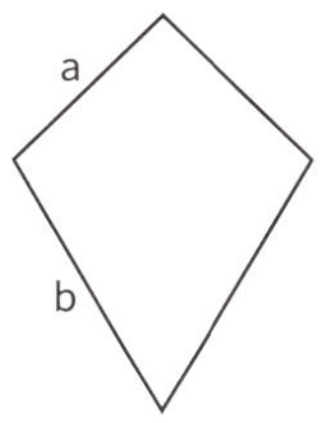

d)

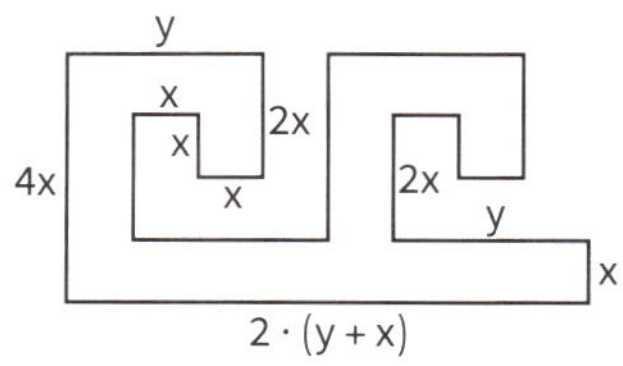

3 Stelle einen Term für den Umfang auf und vereinfache ihn. Berechne anschließend den Umfang für /6

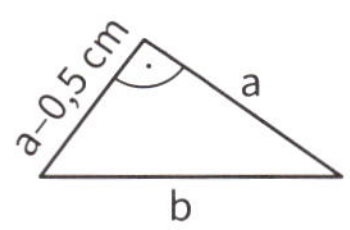

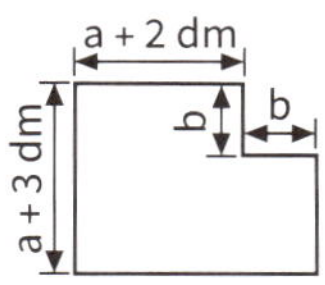

a) Dreieck: a = 3,5 cm; b = 4,6 cm

b) Sechseck: a = 5 dm; b = 0,15 m

4 Löse die Gleichungen im Kopf. /6

a) $x + 6 = 13$	$x =$ ______	b) $x - 12 = 7$	$x =$ ______
c) $2x + 5 = 17$	$x =$ ______	d) $30 - 3x = 9$	$x =$ ______
e) $\frac{1}{2}x = 23$	$x =$ ______	f) $12 + \frac{1}{2}x = 16$	$x =$ ______

5 Bestimme die Lösung der Gleichung durch Probieren.

a) $7x + 6 = 27$

b) $66 - 5x = 41$

c) $x : 4 + 8 = 11$

d) $3x - 5 = x + 15$

/ 8

6 Wie heißt die gesuchte Zahl? Stelle dazu eine Gleichung auf und löse sie.

a) Das Doppelte einer Zahl vermehrt um 7 ergibt 19.

b) Die Summe aus dem Vierfachen einer Zahl und 3 ergibt 31.

c) 20 vermindert um die Hälfte einer Zahl ergibt 13.

/ 6

erreichte Punktzahl

/ 34

9 Proportionale Zuordnungen

verstehen

Zuordnungen

Oft hängt eine Größe von einer anderen Größe ab,
z. B. der Umfang eines Rechtecks von der Länge seiner Seiten
oder der Fahrpreis von der Anzahl der Mitfahrer.

Eine solche Abhängigkeit nennt man eine **Zuordnung** $x \mapsto y$
(der Größe y wird die Größe x **zugeordnet**).
Eine solche Zuordnung beschreibt, wie sich die Größe y in Abhängigkeit von der Größe x verändert.

Beispiel 1: Lena interessiert sich für den Verlauf der Außentemperatur.
Sie blickt daher in größeren Zeitabständen auf das Balkon-Thermometer und notiert

in Satzform:	in Kurzform:
– Um 9.00 Uhr beträgt die Temperatur 16 °C.	9.00 Uhr ↦ 16 °C
– Um 11.00 Uhr beträgt die Temperatur 19 °C.	11.00 Uhr ↦ 19 °C
– Um 12.30 Uhr beträgt die Temperatur 21 °C.	12.30 Uhr ↦ 21 °C
Allgemein: Um x Uhr beträgt die Temperatur y °C.	x (Uhr) ↦ y (°C)

Zuordnungstabellen

Zuordnungen werden häufig in Tabellen dargestellt.
Eine solche Zuordnungstabelle hat zwei Zeilen (oder Spalten).
In der ersten Zeile (Spalte) steht die erste Größe (x) in der zweiten, die zugeordnete Größe (y).
Der Vorteil einer Tabelle ist, dass sie sehr übersichtlich und leicht zu verstehen ist.
Du kennst solche Zuordnungstabellen auch aus dem täglichen Leben.
Im Schwimmbad findest du zum Beispiel immer eine Tabelle auf der angegeben ist, wie viel du für welche Badedauer bezahlen musst.
Zwei zusammengehörende Werte einer Zuordnung kann man auch als geordnetes **Zahlenpaar (x | y)** aufschreiben.

Beispiel 2: Lena fasst ihre Temperaturmessungen in einer Zuordnungstabelle zusammen.

x (Uhr)	9.00	11.00	12.30	...
y (°C)	16	19	21	...

Es ergeben sich daraus folgende geordnete Zahlenpaare:
(9.00 | 16); (11.00 | 19); (12.30 | 21); ...

Graphen von Zuordnungen

Eine andere Darstellungsform für Zuordnungen ist ein **Graph im Koordinatensystem**. Dabei wird auf der Rechtsachse („x-Achse“) der Ausgangswert abgelesen und auf der Hochachse („y-Achse“) die zugeordnete Größe.
Der große Vorteil an der grafischen Darstellung ist, dass man auf den ersten Blick sieht, wie sich die zugeordnete Größe in Abhängigkeit der Ausgangsgröße verändert und ob es „Höchst-“ und „Tiefstwerte“ gibt.
Außerdem kann man weitere Zahlenpaare ablesen.

Beispiel 3: Lena hat ihre Messungen noch fortgesetzt und die Ergebnisse als Graph dargestellt. Man sieht, dass die Temperatur um 14.30 h am höchsten war (25,5 °C) und dann langsam wieder abgesunken ist.

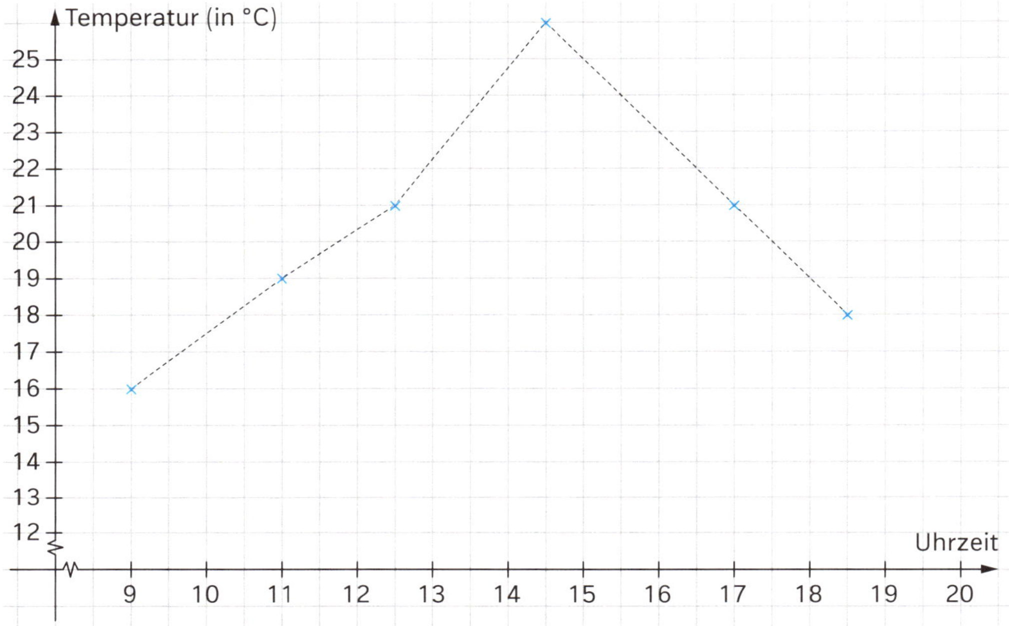

Proportionale Zuordnungen

Wenn bei einer Zuordnung $x \mapsto y$ eine Verdopplung, Verdreifachung, ... von x stets zu einer Verdopplung, Verdreifachung, ... von y führt, dann sind die beiden Größen x und y **direkt proportional** (kurz: **proportional**) zueinander.

Beispiel 4: Betrachte folgende Zuordnungstabelle.

a)

$\cdot 3$
$\cdot 2$ $\cdot 1{,}5$

x	0	2	4	6
y	0	1	2	3

$\cdot 2$ $\cdot 1{,}5$
$\cdot 3$

Du erkennst, dass x und y (direkt) proportional zueinander sind, weil du auf die y-Werte immer die selbe Rechenoperation anwenden kannst wie auf die x-Werte.

Grafische Darstellung proportionaler Zuordnungen

Alle Zahlenpaare einer proportionalen Zuordnung liegen auf einer Halbgeraden, die durch den Ursprung O (0 | 0) geht. Man erhält den Graphen mit nur einem einzigen Zahlenpaar der Zuordnung, indem man den Punkt im Koordinatensystem abträgt und ihn mit dem Ursprung verbindet. Nun lassen sich beliebig viele weitere Zahlenpaare ablesen.

Beispiel 5: Wenn 2 kg Äpfel (Gewicht x) 1 € (Preis y) kosten und man keinen Mengenrabatt bekommt, handelt es sich um eine proportionale Zuordnung mit folgendem Graphen:

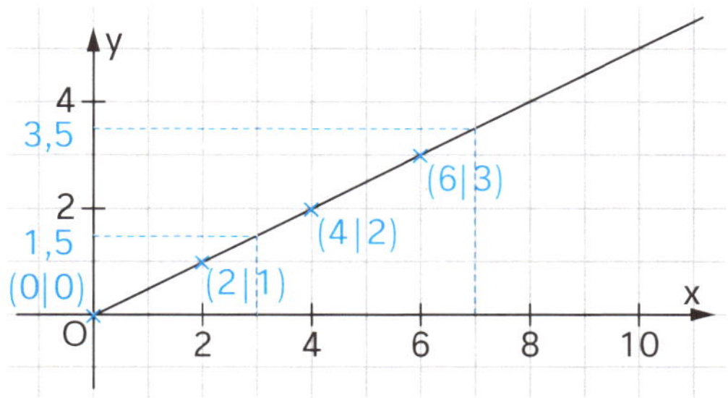

Man kann sehr leicht weitere Zuordnungen (Gewicht ↦ Preis) ablesen und beispielsweise in einer Tabelle zusammenfassen:

x (kg)	0	2	3	4	6	7
y (€)	0	1	1,5	2	3	3,5

Proportionale Zuordnungen erkennen

Nicht jede Zuordnung, die so klingt wie eine proportionale („je mehr, desto mehr") ist auch wirklich eine. Du kannst proportionale Zuordnungen auf zwei verschiedene Weisen erkennen:

1. Wenn du einen Graphen hast (oder ihn mithilfe einer Tabelle zeichnen kannst), kannst du prüfen, ob es sich um eine Halbgerade durch den Ursprung handelt.
2. Wenn man bei einer proportionalen Zuordnung die zugeordneten Werte (y-Werte) durch die Ausgangswerte (x-Werte) teilt (den Quotient $\frac{y}{x}$ bildet), erhält man immer das gleiche Ergebnis. Proportionale Zuordnungen sind **quotientengleich**.

Beispiel 6: Wir prüfen die in der Tabelle dargestellte Zuordnung auf Proportionalität und erkennen anhand der Quotientengleichheit, dass es sich um eine proportionale Zuordnung handeln muss.

x	0	2	4	6
y	0	1	2	3
$\frac{y}{x}$	–	$\frac{1}{2}$	$\frac{2}{4} = \frac{1}{2}$	$\frac{3}{6} = \frac{1}{2}$

Wenn du die x-Werte durch die y-Werte teilst, stellst du fest, dass das Ergebnis immer gleich ist.

Dreisatzrechnung

Wenn man weiß, dass es sich bei einer Zuordnung um eine (direkte) Proportionalität handelt, kann man aus einem geordneten Zahlenpaar mit dem Prinzip des **Dreisatzes** jedes beliebige andere Zahlenpaar der Zuordnung ausrechnen. Der Dreisatz heißt so, weil es drei Rechenschritte sind, die an folgendem Beispiel erklärt werden sollen:

Beispiel 7: Eine Betriebskantine benötigt täglich 77 kg Kartoffeln, um 220 Personen zu versorgen. Während der Urlaubszeit essen dort jedoch nur 180 Personen. Wie viel Kilogramm Kartoffeln werden dann benötigt?

Die gesuchte Menge wird in drei Schritten (**Dreisatz**) ermittelt:

1. Schritt: Notiere das gegebene Zahlenpaar (220 | 77) so, dass die gesuchte Größe auf der rechten Seite steht.

2. Schritt: Zurückrechnen auf die Einheit (hier: beide Seiten durch 220 dividieren, um die benötigte Menge für eine Person zu erhalten).

3. Schritt: Hochrechnen auf die gesuchte Größe (mit 180 multiplizieren, um die gesuchte Menge für 180 Personen zu ermitteln).

$$220\text{ P.} \mathrel{\hat=} 77\text{ kg}$$

$$:220 \quad 1\text{ P.} \mathrel{\hat=} \frac{77\text{ kg}}{220} = 0{,}35\text{ kg} \quad :220$$

$$\cdot 180 \quad 180\text{ P.} \mathrel{\hat=} 0{,}35 \cdot 180 = 63\text{ kg} \quad \cdot 180$$

Manchmal ist es sinnvoll, auf eine andere Einheit als die „1" zurückzurechnen! Jeder gemeinsame Teiler der gegebenen und gesuchten Zahl kommt dafür infrage.

Test 1: Zuordnungen

üben

1 Setze ein:

Achsenkreuz ▪ Zuordnung ▪ Zuordnungstabelle ▪ geordnetes Zahlenpaar ▪ x ▪ y ▪ senkrecht ▪ proportional

Die ______________ $x \mapsto y$ beschreibt, wie sich die Größe y in Abhängigkeit von der Größe ______ verändert. x und y sind direkt ______________ zueinander. Wenn man x verdreifacht, dann muss sich auch ______ verdreifachen. Die Angabe (3|5) ist ein ______________. Verschiedene Angaben dieser Art können in einer ______________ zusammengefasst werden. Die grafische Darstellung einer Zuordnung erfolgt in einem ______________. Es besteht aus zwei Zahlenstrahlen, die ______________ zueinander liegen.

2 Das Zahlenpaar (3|8) gehört zu einer direkt proportionalen Zuordnung. Dann gehören auch die folgenden Zahlenpaare dazu.

a) (6|)   b) (15|)   c) (|24)   d) (|20)

3 a) Gib die abgebildeten Punkte als geordnete Zahlenpaare an.

A(|); B(|); C(|)

b) Gib zwei weitere Punkte an, die auf der Halbgeraden liegen.

D(|); E(|)

c) Zeigt die Abbildung einen proportionalen Zusammenhang? Begründe deine Antwort.

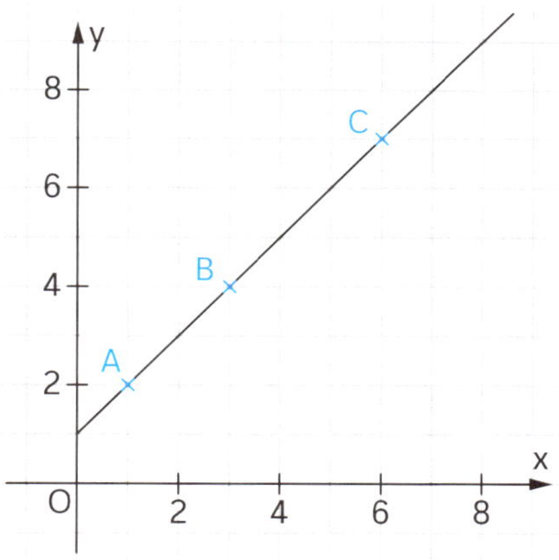

____

____

4 Abgebildet siehst du die Pegelstände des Rheins bei Köln in der Woche vom 6. Mai 2012 bis zum 11. Mai 2012.

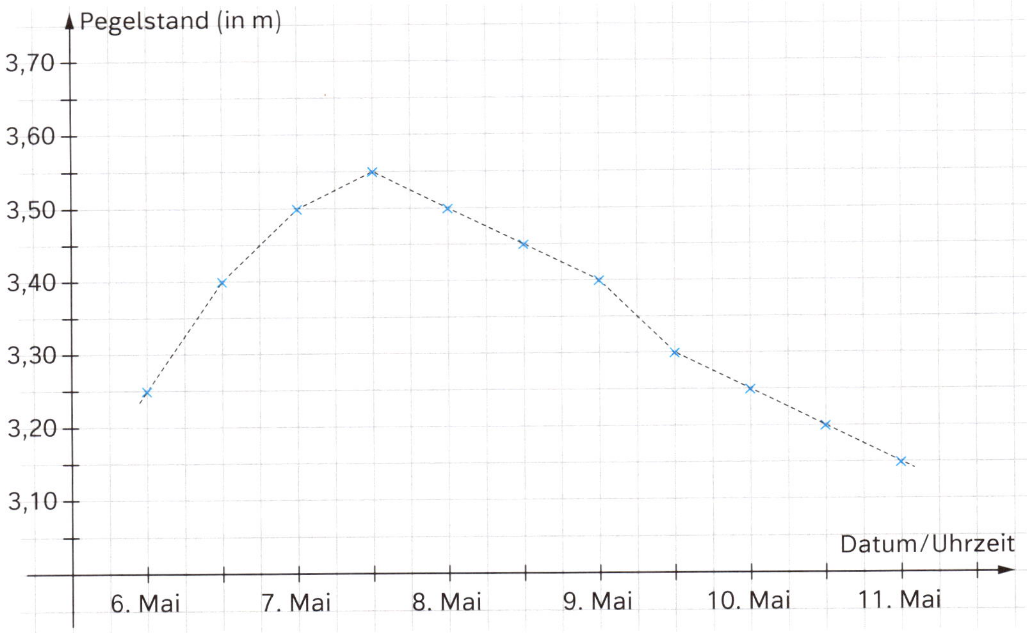

a) Handelt es sich um eine Zuordnung?
Welche Größe ist die Ausgangsgröße, welche die zugeordnete?

____

____

b) Was bedeutet der Höchstwert?

____

____

c) Lies die Werte am 7. Mai, 9. Mai und am Mittag des 10. Mai ab.

____

____

Test 2: Proportionalität (1)

üben

1 ✷ Ergänze die Tabelle. x und y sind proportional.

x	1		4	5
y		3	6	
$\frac{y}{x}$				

2 ✷✷ Monas und Lisas Vater will den 4,8 m langen und 2,5 m breiten Fußboden der Waschküche mit Kunststofffarbe streichen.
Mona soll genügend Farbe im Baumarkt kaufen. Auf einer 0,5-l-Farbdose steht, dass der Inhalt für 5 m^2 ausreicht. Wie viele Dosen muss sie kaufen?

3 ✷✷ Maria organisiert für 8 Personen eine Fahrt in einen Freizeitpark mit einem gemieteten Kleinbus. Nun melden sich noch zwei Personen zusätzlich an.

a) Sie wollte eigentlich für die Hin- und Rückfahrt 20 l Getränke bereitstellen. Wie viel braucht sie jetzt?

b) Sie wollten eigentlich um 8 Uhr losfahren, um gegen 10 Uhr anzukommen. Müssen sie nun früher oder später losfahren?

4 ✷ Ein Supermarkt bietet dein Lieblingserfrischungsgeränk in drei verschiedenen Flaschengrößen an. 0,75 l kosten 1,20 €, 1 l kostet 1,50 € und 2 l kosten 3 €.

a) Ist die Zuordnung Flaschengröße ↦ Preis proportional?

___

b) Ein anderes Getränk gibt es ebenfalls in diesen drei Flaschengrößen. 1 l kostet 1,60 €. Wie viel müssten die beiden anderen Flaschen kosten, damit es sich bei Flaschengröße ↦ Preis um eine proportionale Zuordnung handelt?

___

üben

Test 3: Proportionalität (2)

1 Kann ein direkt proportionaler Zusammenhang (p) vorliegen, oder nicht (x)?

a) gekaufte Warenmenge und Höhe des Kaufpreises	p ☐ x ☐
b) Seitenlänge und Flächeninhalt eines Quadrates	p ☐ x ☐
c) Anzahl gedruckter Seiten und Farbverbrauch des Druckers	p ☐ x ☐
d) Zähler und Nenner gekürzter Brüche	p ☐ x ☐
e) Anzahl jährlicher Regentage und Anzahl verkaufter Regenschirme	p ☐ x ☐

2 Vervollständige die Dreisatzrechnungen bei direkter Proportionalität:

a)
:4 (4 ≙ 28) ___
___ ≙ ___
___ (___ ≙ ___) ·9

b)
___ (___ ≙ ___) :7,5
1 ≙ 6
___ (5,5 ≙ ___) ___

c)
___ (___ ≙ ___) :3
___ ≙ 40
·11 (132 ≙ ___) ___

3 Löse durch Dreisatzrechnung.

a) An der Kasse eines Blumengeschäfts hört Mark, dass 12 Rosen 14,40 € kosten. Er will einen Strauß von 18 Rosen kaufen. Was kostet der Strauß?

b) Anke schafft beim Radfahr-Training eine Strecke von 66 km in 2 h 12 min. Hat Sie eine Chance, ihre Vereinskameradin zu schlagen, die das letzte Rennen über 80 km in 2,5 h gewann?

4 Das Zahlenpaar (8 | 12) gehört zu einer proportionalen Zuordnung.

a) Zeichne den Graphen der Zuordnung.

b) Welche Punkte gehören noch dazu?

(20 | 24) ☐ (28 | 44) ☐

(22 | 33) ☐ (15 | 22,5) ☐

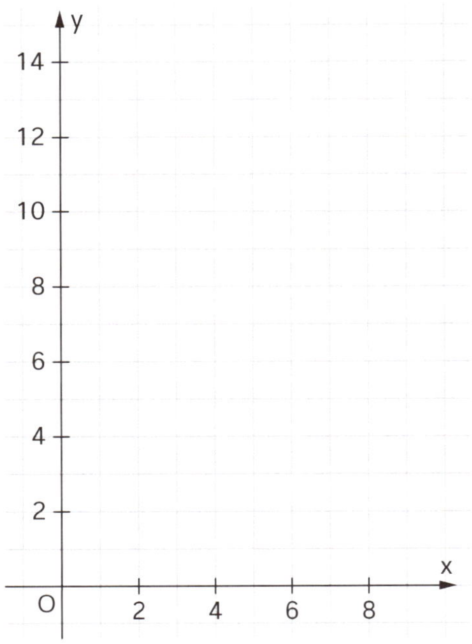

Test 4: Aufgaben für Experten

1 Aus einem undichten Wasserhahn rinnt alle 2 Minuten 1 Liter Wasser.

a) Stelle diesen Sachverhalt grafisch im Achsenkreuz dar.

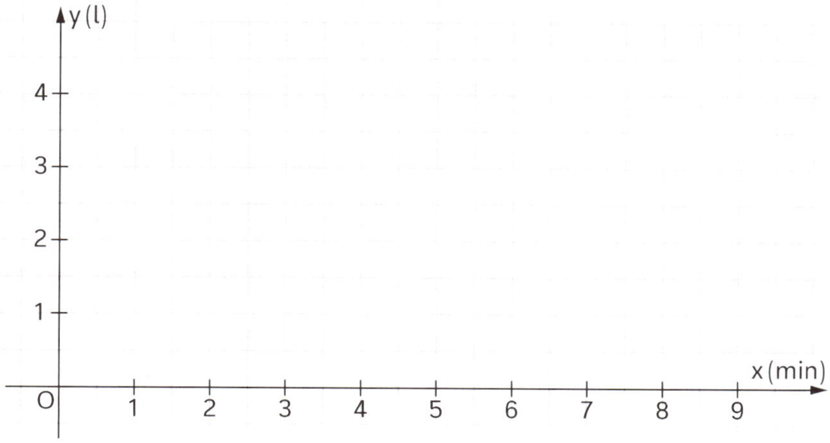

b) Vervollständige in der Zuordnungstabelle die roten Vorgaben mithilfe der Grafik und die schwarzen Vorgaben durch Rechnung.

x		3	2		4	
y	0,5		1	3		4,5

c) Unglücklicherweise ist auch noch der Abfluss der Waschbeckens, das 13 l Wasser fassen kann, ziemlich verstopft, sodass nur 0,5 l Wasser in 3 Minuten abfließen können. Wie lange dauert es, bis das Becken überläuft?

2 Ein zylinderförmiges Gefäß wird gleichmäßig gefüllt.
Das Schaubild (1) zeigt, wie sich der Wasserstand in dem Gefäß ändert.
Wie könnte ein Gefäß aussehen, bei dem die Wasserstandhöhe den Verlauf von Schaubild (2) zeigt?

Schaubild (1)

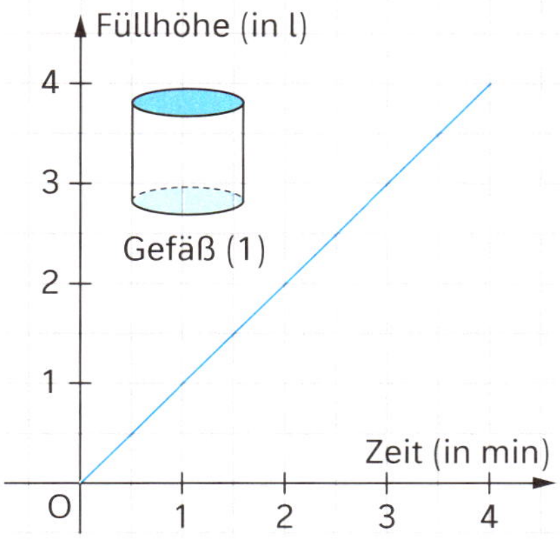

Schaubild (2)

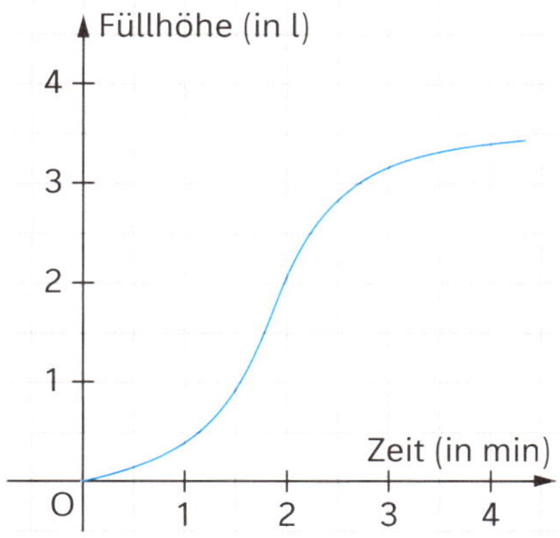

Test 4 Aufgaben für Experten

3 Wenn: 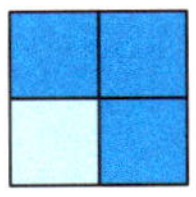 ≙  dann auch: 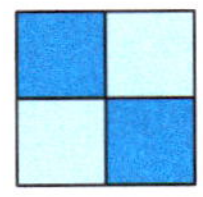 ≙ 

Löse die bildhaft dargestellte Aufgabe für den Fall, dass es sich um eine proportionale Zuordnung handelt.

Beschreibe die Figuren durch Brüche.

4 Freiwillige der Klasse 6 b der Talschule dürfen die Rückwand der Turnhalle mit Graffiti verschönern. In der ersten Woche arbeiten 6 Schülerinnen und Schüler jeden Tag 3 Stunden an der Wand und schaffen 45 m^2 Wandfläche. In der zweiten Woche kommen drei weitere Schülerinnen und Schüler helfen. Außerdem arbeiten sie 4 Stunden täglich. In der zweiten Woche schaffen sie 82 m^2.

a) Arbeiten die 9 Schülerinnen und Schüler im Verhältnis schneller oder langsamer als die 6 in der Vorwoche?
b) Woran könnte das liegen?

Klassenarbeit Nr. 9

60 min

können

1 Ein Liter Super Benzin kostet 1,70 €.

✷ a) Erstelle eine Preistabelle für 10 l, 15 l, 20 l, ..., 45 l

b) Erstelle eine Preistabelle für 170 km, 260 km, 1400 km und 3800 km, wenn das Auto von Familie Kaminski 10 l auf 100 km verbraucht.

/4

2 Das Zahlenpaar (10 | 8) gehört mit den Zahlenpaaren (5 | ?), (20 | ?), (? | 2), (? | 32) zu einer Zuordnung.

✷✷

a) Ergänze die Zahlenpaare so, dass sie zu einer proportionalen Zuordnung gehören:

(5 | ____), (20 | ____), (____ | 2), (____ | 32)

b) Stelle die Zuordnung grafisch dar.

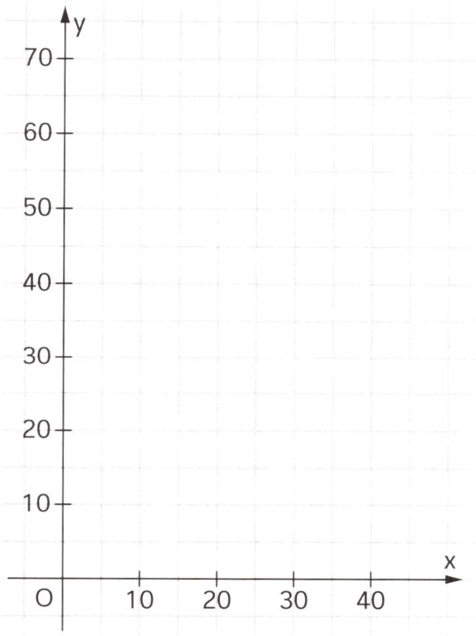

/6

3 Entscheide, ob es sich bei den Zuordnungen um eine proportionale (p) oder nicht proportionale (x) Zuordnung handelt.

✷✷

a)	Der Preis für Salamiaufschnitt nach Gewicht.	p ☐ x ☐
b)	Die Anzahl Handys in Abhängigkeit von der Anzahl Schüler einer Klasse.	p ☐ x ☐
c)	Die Menge der Zutaten eines Muffinrezeptes im Zusammenhang von der Anzahl gebackener Muffins.	p ☐ x ☐
d)	Arbeitszeit für eine bestimmte Arbeit in Abhängigkeit von der Anzahl Arbeiter.	p ☐ x ☐

/8

können

/3

4 Vervollständige die Aufgaben zum Dreisatz.

a)

___	___ ≙ 56	$:8$	
	1 ≙ ___		
___	15 ≙ ___	___	

b)

___	___ ≙ ___	$:12$	
	9 ≙ 101		
$\cdot 17$	___ ≙ ___	___	

c)

___	$\frac{15}{9} \triangleq \frac{2}{3}$	$:\frac{5}{27}$	
	___ ≙ ___		
___	$2\frac{2}{7} \triangleq$ ___	___	

/3

5 Fülle den Lückentext aus:

Der Wert von x wird verdreifacht. Bei Proportionalität muss sich der Wert von y ______________. Wenn eine Zuordnung nach dem Prinzip „je mehr ________ ___________“ aufgebaut ist, dann handelt es sich ________ ____ ___________ um eine proportionale Zuordnung. Eine solche kann man daran erkennen, dass ihr __________ eine Halbgerade ist, die durch den Ursprung des __________________________ läuft. Außerdem ist bei proportionalen Zuordnungen der ____________________ immer gleich.

6 Nur noch wenige Meter bis ins Ziel …

a) Ein Marathonläufer hat für die ersten 26 km 1 h 57 Minuten gebraucht. Schafft er es, wenn er in diesem Tempo weiterläuft, seinen eigenen Rekord von 3 h 10 Min über die Gesamtstrecke von 42 km zu unterbieten?

Rechne die Zeitangaben in Minuten um.

b) Ein Wanderer hat sich verlaufen und muss sich auf seiner Karte orientieren. Schließlich entdeckt er seinen Standort und misst, dass es auf der Karte, die den Maßstab 1 : 50 000 hat, noch 14 cm bis ins Ziel sind. Wie weit muss er tatsächlich noch laufen?

/4

erreichte Punktzahl

/ 28

10 Ganze und rationale Zahlen

Negative Zahlen, Gegenzahl und Betrag

Man kann den Zahlenstrahl nach links über die Null hinaus verlängern, dann erhält man die sogenannten **negativen Zahlen**.
Man kennzeichnet sie, indem man ein „–" (Minus) davorsetzt.
Man nennt das „–" in diesem Fall ein **Vorzeichen**.
Positive Zahlen haben eigentlich das Vorzeichen „+", das wird in der Regel aber weggelassen.
Betrachtet man den nach links erweiterten Zahlenstrahl, sieht man, dass die positiven und die negativen Zahlen genau an der Null gespiegelt sind.

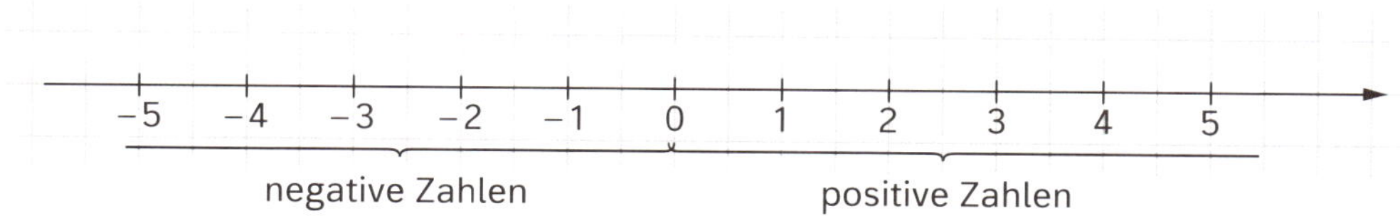

Das „Spiegelbild" einer Zahl auf der anderen Seite der Null nennt man **Gegenzahl**.
−4 und 4 haben also genau die gleiche Entfernung zur Null, nämlich 4 „Schritte".
Diese Entfernung einer Zahl zur Null nennt man ihren **Betrag**.
Er wird durch die **Betragsstriche** gekennzeichnet und ist immer positiv.
Beispiel 1: $|4| = 4$ und $|-4| = 4$ (lies: der Betrag von 4 ist 4 und der Betrag von minus 4 ist 4).

Natürliche, ganze und rationale Zahlen

Alle Zahlen die du bisher kennengelernt hast, werden zu unterschiedlichen **Zahlenmengen** zusammengefasst.
So enthält die Menge der **natürlichen Zahlen ℕ** die 0 und alle positiven ganzen Zahlen ($\mathbb{N} = \{0, 1, 2, 3 \ldots\}$).
Die **ganzen Zahlen ℤ** enthalten zusätzlich zu den natürlichen Zahlen auch alle negativen ganzen Zahlen ($\mathbb{Z} = \{\ldots -3, -2, -1, 0, 1, 2, 3 \ldots\}$).
Ergänzt man die Menge der ganzen Zahlen noch um alle positiven und negativen Bruchzahlen und Dezimalbrüche, so erhält man die **rationalen Zahlen** ℚ.
Man kann sich also vorstellen, dass die natürlichen Zahlen in den ganzen und diese wiederum in den rationalen Zahlen liegen.

Pass beim Zuordnen von Zahlen zu den Zahlenmengen auf (Dezimal-)Brüche auf, die ganze oder natürliche Zahlen sind.

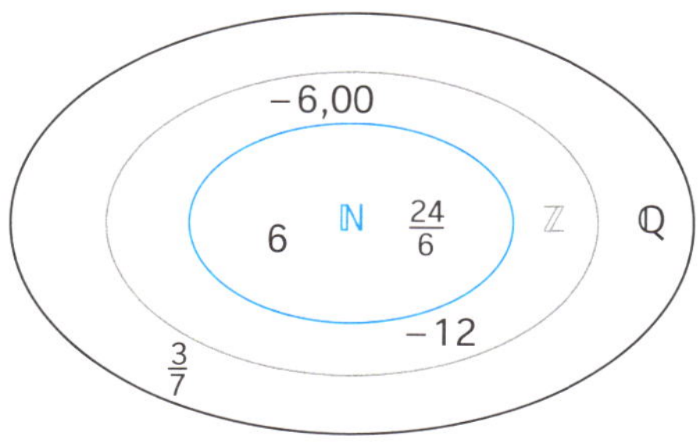

Beispiel 2: 6 liegt also in den natürlichen, den ganzen und den rationalen Zahlen, wohingegen −12 nur in der ganzen und rationalen Zahlen liegt und $\frac{3}{7}$ sogar nur in den rationalen.
Beispiel 3: $\frac{24}{6} = 4$ (natürliche Zahl); $-6{,}00 = -6$ (ganze Zahl).

Rationale Zahlen vergleichen und ordnen

Im Winter, wenn es draußen Minusgrade hat und wir nach der Temperatur fragen, begegnen uns (negative) rationale Zahlen. Wenn es an einem Tag z. B. – 5,8 °C und am nächsten Tag – 7,2 °C hat, dann sagen wir: Die Temperatur am zweiten Tag ist **niedriger als** am Tag zuvor. Temperaturen kann man also miteinander vergleichen. Auf dem Zahlenstrahl stehen Zahlen, die niedriger als andere sind, weiter links solche die höher sind als andere, weiter rechts.

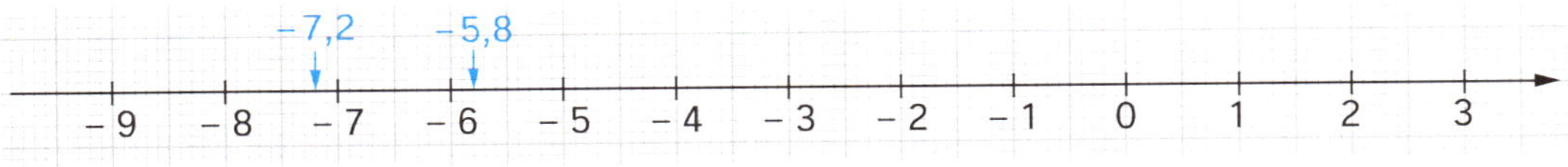

Alle rationalen Zahlen kann man entsprechend ordnen und miteinander vergleichen. Es gilt: Die kleinere von zwei rationalen Zahlen liegt auf dem Zahlenstrahl stets weiter links. Für kleiner als steht das Symbol $<$ und für größer als $>$.
Kurz: ist eine Zahl a kleiner als eine Zahl b, dann schreibt man $a < b$.
Beispiel 4: – 120 ist also kleiner als 1 ($-120 < 1$), da 1 weiter rechts steht als – 120

Zunahme und Abnahme

Zunahmen werden mit positiven Zahlen beschrieben, **Abnahmen** mit negativen. Eine Temperaturänderung um + 5 °C entspricht einer Zunahme um 5 (Grad).
Beispiel 5:

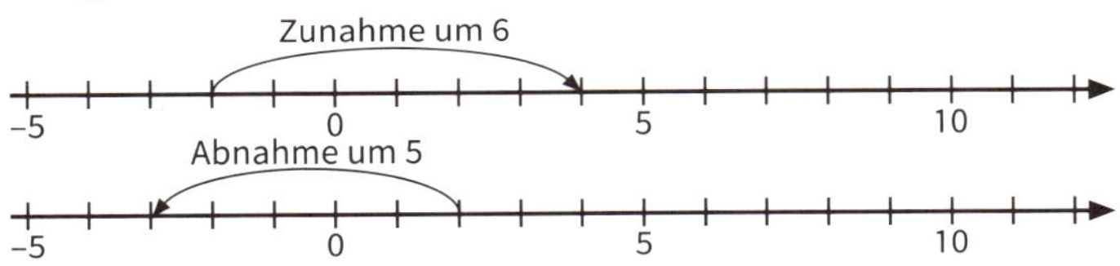

Das Koordinatensystem mit rationalen Zahlen

Ebenso wie den Zahlenstrahl, kann man auch das Koordinatensystem um die negativen Zahlen ergänzen. Es besteht dann aus zwei Zahlengeraden, die im **Koordinatenursprung O (0 | 0)** (oft auch nur Ursprung genannt) senkrecht aufeinander stehen. Die waagerechte Achse heißt x-Achse, die senkrechte y-Achse.
Punkte im Koordinatensystem beschreibt man durch einen x- und einen y-Wert, kurz: P (x | y). Die beiden Achsen teilen die Zeichenebene in vier Felder, die man als Quadranten bezeichnet.
Beispiel 6: Die Punkte A (– 2 | 3), B (1,5 | – 1), C (2,5 | 0) und D (0 | 3,5) sind im abgebildeten Koordinatensystem eingezeichnet.

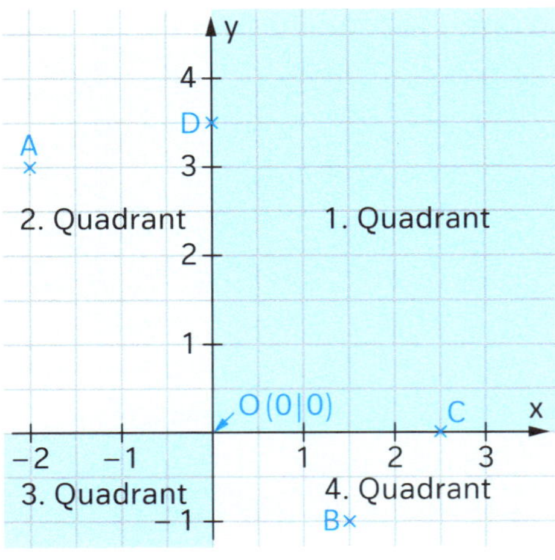

Test 1: Rationale Zahlen anwenden

1 Denke dir auf der linken Hälfte des Geodreiecks die negativen Zahlen.
Welche Zahlen sind markiert?

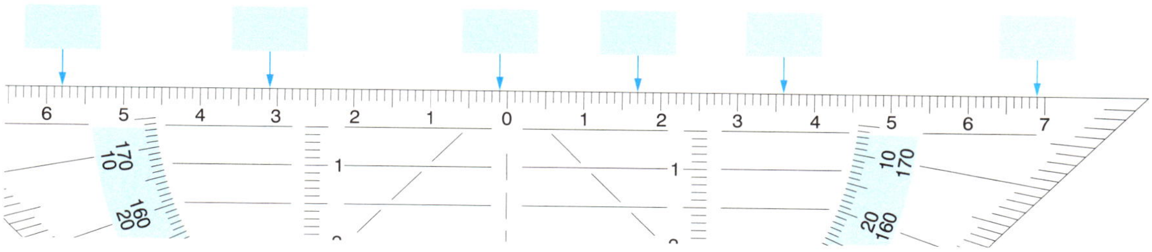

2 Was verrät dir das Diagramm?

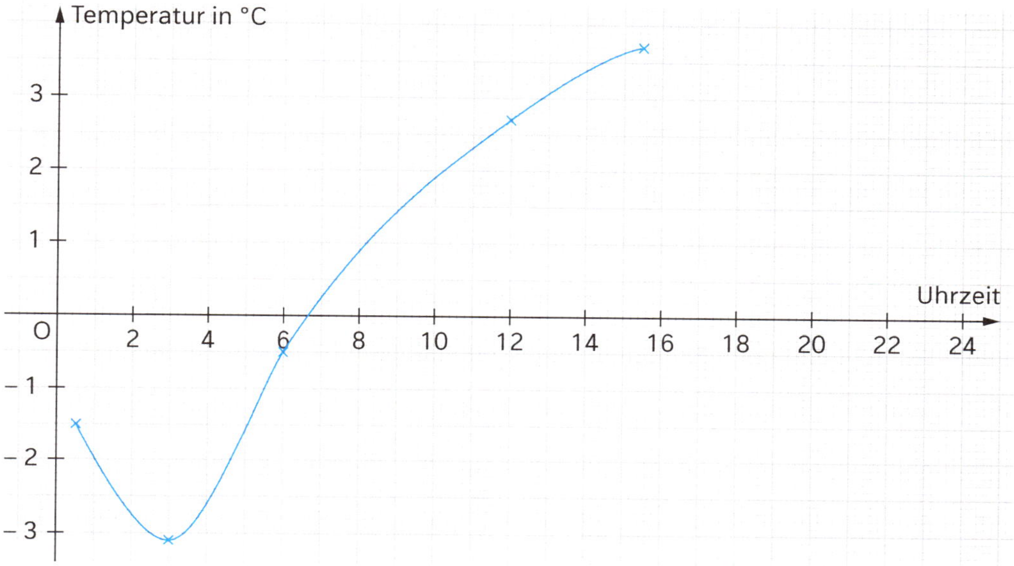

a) Lies aus dem Diagramm die Temperatur ab und ergänze die Tabelle.

Uhrzeit	0:30 Uhr	3 Uhr	6 Uhr	12 Uhr	15:30 Uhr
Temperatur					

b) In welcher Jahreszeit ist am ehesten ein solcher Temperaturverlauf zu erwarten? ______________________

c) Gib an, zwischen welchen Uhrzeiten es eine Zunahme bzw. Abnahme der Temperatur gab. Gib an, wie groß die Veränderung jeweils war.

3 Beschrifte den Zahlenstrahl(-ausschnitt) und trage die angegebenen Zahlen ein.

a) $-5{,}6$; $-2{,}3$; $-8{,}0$; $-4\frac{1}{2}$; $-\frac{4}{5}$ b) $0{,}3$; $1{,}7$; $10\frac{3}{10}$; $4{,}9$; $\frac{26}{8}$

a)

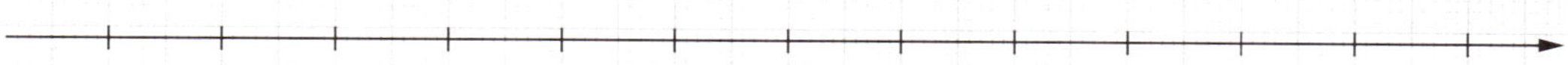

b)

Test 2: Ordnen und vergleichen

1 **Zahlensalat**

Rechts siehst du eine willkürliche Mischung rationaler Zahlen.

a) Notiere alle natürlichen Zahlen.

b) Finde alle ganzen Zahlen.

c) Welche Zahlen gehören ausschließlich zu den rationalen Zahlen?

d) Sortiere alle Zahlen der Größe nach.

2 Markiere auf dem Zahlenstrahl folgende Zahlen, sowie deren Gegenzahl.

a) $4{,}3$ b) $-5{,}4$ c) $\frac{4}{5}$ d) $2\frac{1}{4}$

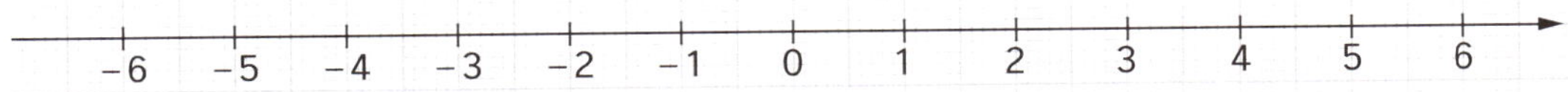

3 Kontrolliere Davids Hausaufgaben.
Gib bei Fehlern die richtige Lösung an.

a) $|-3{,}5| = 3{,}5$

b) $|6{,}4| = -6{,}4$

c) $7{,}1 < |-9|$

d) $\frac{3}{5} < \frac{5}{3}$

e) $-2{,}1765 > 2{,}1567$

f) $|x| = 13 \Rightarrow x = -13$

4 Trage das richtige Zeichen ein: >, = oder >.

a) $2{,}5$ ☐ $3{,}1$ b) $1{,}90$ ☐ $1{,}89$ c) -23 ☐ $-0{,}1$ d) 0 ☐ -2

e) $-\frac{2}{3}$ ☐ 0 f) $2\frac{1}{8}$ ☐ $2{,}5$ g) $-1\frac{12}{13}$ ☐ $-1\frac{13}{14}$ h) $4\frac{1}{5}$ ☐ $4\frac{1}{6}$

5 Ordne folgende rationale Zahlen der Größe nach. Beginne mit der kleinsten.

$1{,}4$ ▪ $-2{,}3$ ▪ $1{,}14$ ▪ $-5{,}0$ ▪ $-0{,}5$ ▪ 0 ▪ $12{,}13$ ▪ $-13{,}12$ ▪ $\frac{3}{4}$ ▪ $\frac{4}{3}$ ▪ $\frac{7}{2}$ ▪ $-\frac{4}{3}$

Test 3: Koordinatensystem

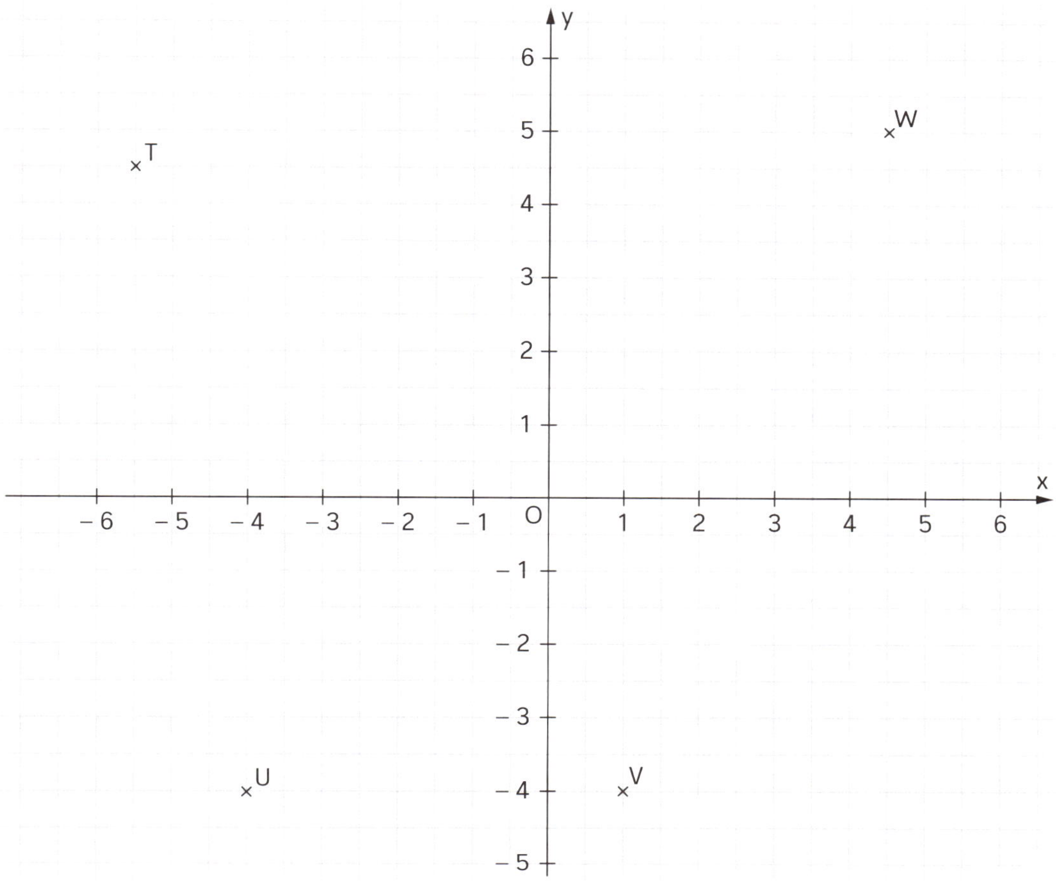

1 ✱ Trage die Punkte in das Koordinatensystem ein, verbinde sie der Reihenfolge nach und ergänze die Tabelle. A (0 | 6); B (− 1,5 | 2,5); C (− 5 | 1); D (− 1,5 | − 0,5); E (0 | − 4); F (1,5 | − 0,5); G (5 | 1); H (1,5 | 2,5).

Punkte im 1. Quadranten	Punkte im 2. Quadranten	Punkte im 3. Quadranten	Punkte im 4. Quadranten

2 ✱✱ a) Zeichne das Viereck IJKL mit I (− 3,5 | 3), J (− 3,5 | − 2), K (2,5 | − 2) und L (2,5 | 3) in das Koordinatensystem oben ein.

b) Gib die Koordinaten der Seitenmitten an: M_{IJ} (___ | ___);

M_{JK} (___ | ___); M_{KL} (___ | ___); M_{IL} (___ | ___);

c) Gib die Koordinaten des Schnittpunktes S der Diagonalen an:

S (___ | ___);

3 ✱ Lies die Koordinaten der Punkte ab. T (___ | ___); U (___ | ___);

V (___ | ___); W (___ | ___)

Klassenarbeit Nr. 10

45 min

können

1 Ergänze den folgenden Text sinnvoll. /4

Die Zahl – 3 gehört zu den ____________ und ____________ Zahlen, aber nicht zu den ________________. Zahl und ____________ sind gleich weit von ____________ entfernt. Diese Entfernung nennt man ____________. Er ist stets ____________. Ist eine rationale Zahl ____________ als eine andere, steht sie weiter links auf dem Zahlenstrahl.

2 Suche alle rationalen Zahlen, die **keine** natürlichen oder ganzen Zahlen sind und sortiere sie von klein nach groß. Du erhältst ein Lösungswort. /3

A	L	K	E	T	I	L	Z	E	M	S	D	R	P
1,5	– 2,0	11	– 3,5	$\frac{14}{7}$	$-\frac{14}{8}$	$3\frac{1}{6}$	– 2,01	5,1	$\frac{9}{10}$	– 3	– 6,9	$\frac{54}{27}$	– 20

Lösungswort: ______________________________

3 Sortiere die Zahlen 1,3; $-\frac{3}{4}$; $2\frac{3}{5}$; – 3,1; + 4 und – 0,5 in aufsteigender Reihenfolge und markiere sie auf dem Zahlenstrahl. /4

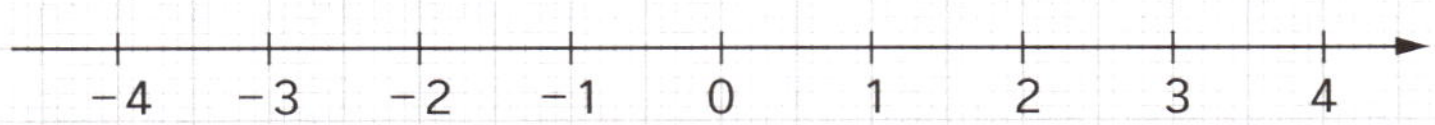

4 Setze das passende Ordnungs-Relationszeichen „<“ oder „>“ oder „=“ ein. /4

a) $1\frac{1}{2}$ ☐ – 1,5 b) – 0,375 ☐ $-\frac{3}{8}$ c) $\frac{16}{5}$ ☐ 3,5 d) – 0,01 ☐ – 0,001

können

5 Markiere auf dem Zahlenstrahl den Bereich der rationalen Zahlen für die gilt:

a) $-4 \leq q \leq 6{,}5$ und $|q| \geq 2{,}5$

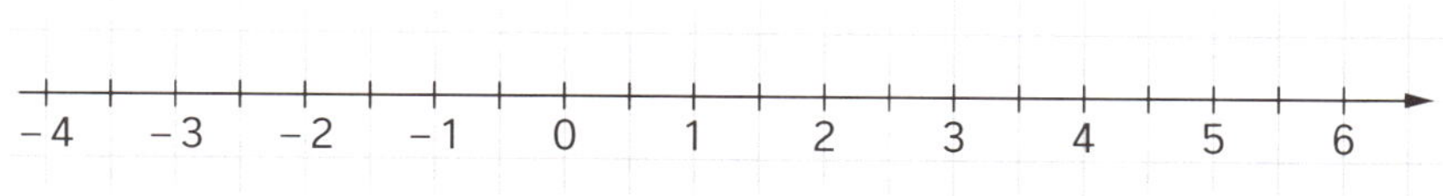

b) $-5 \leq q \leq 3{,}5$ und $|q| \leq |-2{,}5|$

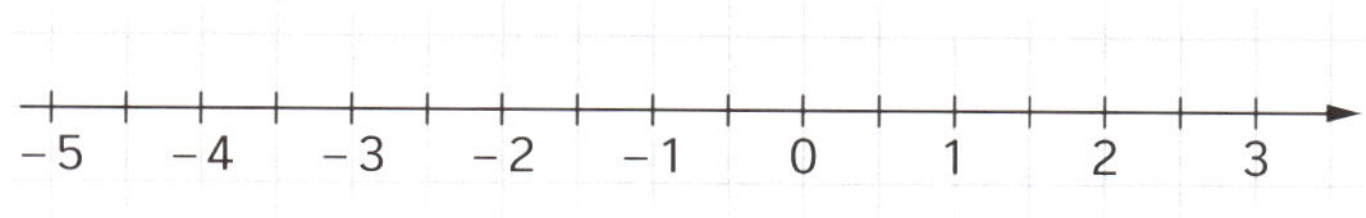

/8

6 Das Dreieck ABC ist gegeben mit A(1 | 1), B(4,5 | 2,5) und C(2 | 3,5).

a) Zeichne das Dreieck in das Koordinatensystem.

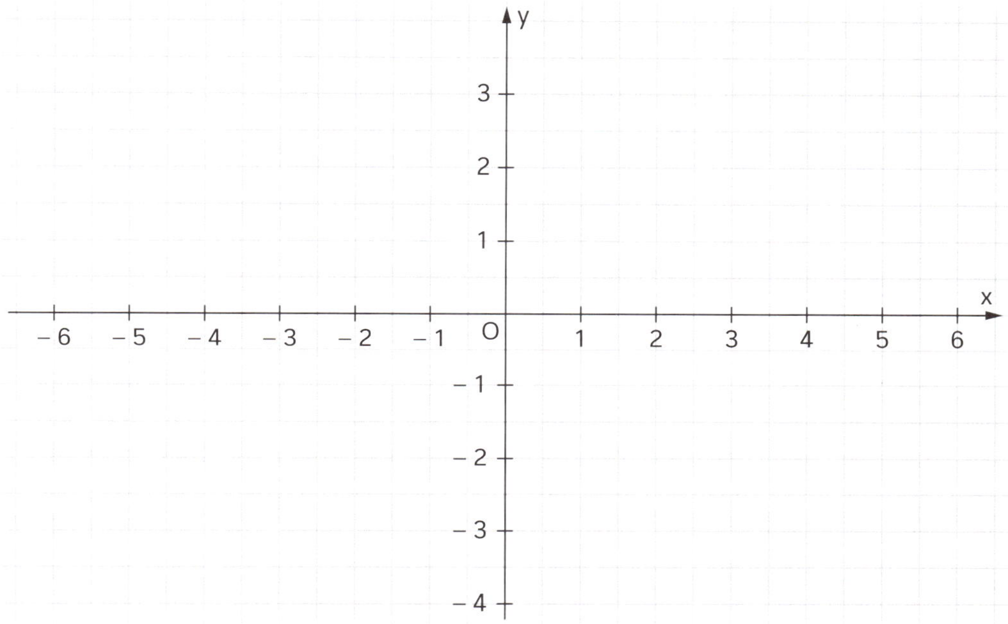

b) Spiegle das Dreieck an der x-Achse und gib die Koordinaten der Punkte

A_1(|), B_1(|) und C_1(|) an.

c) Spiegle das Dreieck $A_1B_1C_1$ erneut, diesmal an der y-Achse und gibt die Koordinaten der Punkte A_2(|), B_2(|) und C_2(|).

d) Wie hätte man aus dem Dreieck ABC direkt das Dreieck $A_2B_2C_2$ erhalten können?

/7

erreichte Punktzahl

/ 30

Kapitel 1: Teilbarkeit und Brüche 1

Test 1: Teilbarkeitsregeln und Primzahlen — Seite 9

1 a) $T_{16} = \{1; 2; 4; 8; 16\}$
b) $T_{20} = \{1; 2; 4; 5; 10; 20\}$
c) $T_{36} = \{1; 2; 3; 4; 6; 9; 12; 18; 36\}$

2 a) $T_{12} = \{1; 2; 3; 4; 6; 12\}$
b) $T_{51} = \{1; 3; 17; 51\}$
c) $V_5 = \{5; 10; 15; 20; 25; ...\}$
d) $V_9 = \{9; 18; 27; 36; ...\}$

3 4528 ist durch 2 und 4 teilbar.
2315 ist durch 5 teilbar.
26 ist durch 2 teilbar.
83 ist durch keine der gegebenen Zahlen teilbar.
440 ist durch 2, 4 und 5 teilbar.
535 ist durch 5 teilbar.

4 a) Primzahlen sind 11, 29, 37, 43
b) $14 = 2 \cdot 7$; $30 = 2 \cdot 3 \cdot 5$
$24 = 2 \cdot 2 \cdot 2 \cdot 3$; $90 = 2 \cdot 3 \cdot 3 \cdot 5$

Test 2: Brüche darstellen — Seite 10

1 a) $\frac{7}{15}$ b) $\frac{5}{14}$ c) $\frac{9}{36} = \frac{1}{4}$

2 a) $\frac{7}{3} = 2\frac{1}{3}$ b) $\frac{12}{5} = 2\frac{2}{5}$ c) $\frac{24}{23} = 1\frac{1}{23}$
d) $\frac{131}{43} = 3\frac{2}{43}$ e) $1\frac{4}{7} = \frac{11}{7}$ f) $7\frac{1}{3} = \frac{22}{3}$
g) $13\frac{2}{5} = \frac{67}{5}$ h) $24\frac{3}{8} = \frac{195}{8}$

3 Grafik siehe unten.

4 a) $2\frac{2}{3} = \frac{8}{3}$ b) $1\frac{4}{7} = \frac{11}{7}$
c) $2\frac{5}{9} = \frac{23}{9}$ d) $1\frac{6}{8} = 1\frac{3}{4} = \frac{7}{4}$

Test 3: Erweitern, Kürzen, vergleichen — Seite 11

1 a) $\frac{1}{4} = \frac{2}{8} = \frac{6}{24} = \frac{30}{120} = \frac{300}{1200} = \frac{4500}{18000}$
b) $\frac{2}{3} = \frac{4}{6} = \frac{12}{18} = \frac{60}{90} = \frac{600}{900} = \frac{9000}{13500}$
c) $\frac{4}{5} = \frac{8}{10} = \frac{24}{30} = \frac{120}{150} = \frac{1200}{1500} = \frac{18000}{22500}$
d) $\frac{5}{11} = \frac{10}{22} = \frac{30}{66} = \frac{150}{330} = \frac{1500}{3300} = \frac{22500}{49500}$

2 a) $\frac{\overset{4}{\cancel{16}}}{\underset{6}{\cancel{24}}} = \frac{4}{6}$; $\frac{\overset{8}{\cancel{32}}}{\underset{17}{\cancel{68}}} = \frac{8}{17}$; $\frac{\overset{30}{\cancel{120}}}{\underset{33}{\cancel{132}}} = \frac{30}{33}$
b) $\frac{\overset{3}{\cancel{18}}}{\underset{4}{\cancel{24}}} = \frac{3}{4}$; $\frac{\overset{3}{\cancel{45}}}{\underset{4}{\cancel{60}}} = \frac{3}{4}$; $\frac{\overset{3}{\cancel{39}}}{\underset{7}{\cancel{91}}} = \frac{3}{7}$
c) $\frac{3}{5} = \frac{21}{35}$; $\frac{11}{6} = \frac{77}{42}$; $\frac{19}{33} = \frac{133}{231}$
d) kgV(6, 15, 18, 21) = 630
$\Rightarrow \frac{84}{630}; \frac{240}{630}; \frac{35}{630}; \frac{525}{630}$

3 a) $\frac{6}{5} = \frac{36}{30}$ erweitert mit 6
b) $\frac{12}{45} = \frac{4}{15}$ gekürzt mit 3
c) $\frac{3}{7} = \frac{39}{91}$ erweitert mit 13
d) $\frac{12}{156} = \frac{1}{13}$ gekürzt mit 12
e) $\frac{64}{256} = \frac{4}{16}$ gekürzt mit 16
f) $\frac{60}{35} = 1\frac{5}{7}$ gekürzt mit 5

4 a) $\frac{4}{10} = \frac{40}{100}$; $\frac{3}{20} = \frac{15}{100}$; $\frac{2}{50} = \frac{4}{100}$; $\frac{4}{100} < \frac{15}{100} < \frac{40}{100}$
b) $\frac{3}{4} = \frac{36}{48}$; $\frac{5}{8} = \frac{30}{48}$; $\frac{1}{12} = \frac{4}{48}$; $\frac{9}{24} = \frac{18}{48}$; $\frac{17}{48} = \frac{17}{48}$;
$\frac{4}{48} < \frac{17}{48} < \frac{18}{48} < \frac{30}{48} < \frac{36}{48}$
c) $\frac{4}{7} = \frac{88}{154}$; $\frac{9}{11} = \frac{126}{154}$; $\frac{5}{14} = \frac{55}{154}$; $\frac{55}{154} < \frac{88}{154} < \frac{126}{154}$

Klassenarbeit Nr. 1 — Seite 12 – 13

Ein Punkt pro Teilaufgabe bzw. Teilschritt

1 a) $T_6 = \{1; 2; 3; 6\}$
b) $T_{12} = \{1; 2; 3; 4; 6; 12\}$
c) $T_{48} = \{1; 2; 3; 4; 6; 8; 12; 16; 24; 48\}$

2 a) $V_3 = \{3; 6; 9; 12; ...\}$
b) $V_9 = \{9; 18; 27; 36; ...\}$
c) $V_{14} = \{14; 28; 42; 56; ...\}$

3 62 ist durch 2 teilbar.
84 ist durch 2, 3, 4, 6 teilbar.
136 ist durch 2, 4 teilbar.
180 ist durch 2, 3, 4, 5, 6, 9 teilbar.
425 ist durch 5 teilbar. (3 P.)

Lösung zu Aufgabe 3, Test 2

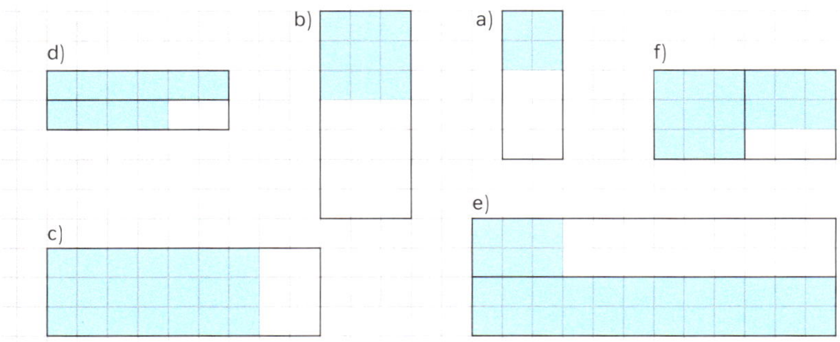

4 a) $\frac{5}{15} = \frac{1}{3}$ b) $\frac{18}{49}$ c) $\frac{17}{64}$

5 Es gibt mehrere richtige Lösungen. Wichtig ist, dass das gesamte Rechteck so viele Einteilungen (z. B. Kästchen) hat wie der Nenner des Bruches lautet (also 9 Einteilungen bei Teilaufgabe a). Davon gefärbt sind dann so viele Einheiten wie die Zahl des Nenners lautet (bei Teilaufgabe a) dann also 2). Bei Teilaufgabe d) müssen zwei solcher Rechtecke gezeichnet werden, eines davon ist komplett eingefärbt.

6 a) $\frac{11}{3} = 3\frac{2}{3}$ b) $\frac{25}{6} = 4\frac{1}{6}$ c) $\frac{49}{13} = 3\frac{10}{13}$

d) $4\frac{2}{7} = \frac{30}{7}$ e) $9\frac{7}{12} = \frac{115}{12}$ f) $13\frac{3}{11} = \frac{146}{11}$

7 a) $\frac{2}{3} = \frac{14}{21}$ $\frac{4}{9} = \frac{28}{63}$ $\frac{15}{23} = \frac{105}{161}$

b) $\frac{28}{84} = \frac{1}{3}$ $\frac{21}{91} = \frac{3}{13}$ $\frac{51}{68} = \frac{3}{4}$

8 a) $\frac{2}{3} > \frac{1}{3}$; $\frac{3}{4} > \frac{2}{4}$; $\frac{5}{7} > \frac{2}{8}$

b) $\frac{9}{9} = \frac{3}{3}$; $1\frac{5}{12} < 2\frac{3}{14}$; $1\frac{2}{9} < \frac{18}{4}$

34 – 30 Punkte Super!	29 – 17 Punkte In Ordnung!	16 – 0 Punkte Bitte noch einmal üben!

Kapitel 2: Teilbarkeit und Brüche 2

Test 1: Brüche am Zahlenstrahl und als Maßzahlen — Seite 16

1 A: $\frac{1}{5}$; B: $\frac{3}{5}$; C: $\frac{4}{5}$; D: $\frac{2}{3}$; E: $1\frac{1}{3}$; F: $\frac{6}{3} = 2$; G: $\frac{3}{12}$; H: $\frac{7}{12}$; I: $1\frac{3}{12}$

2 a)

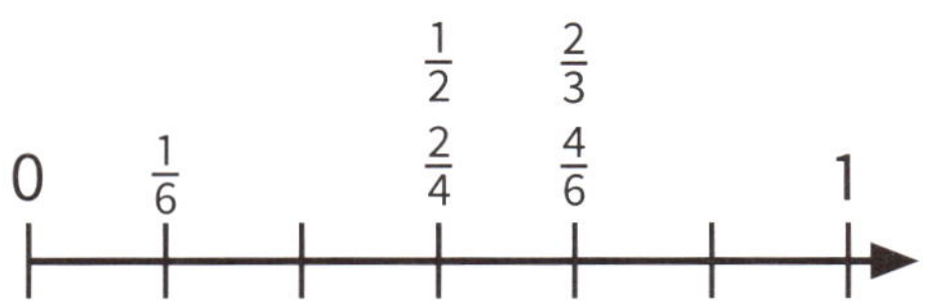

b)

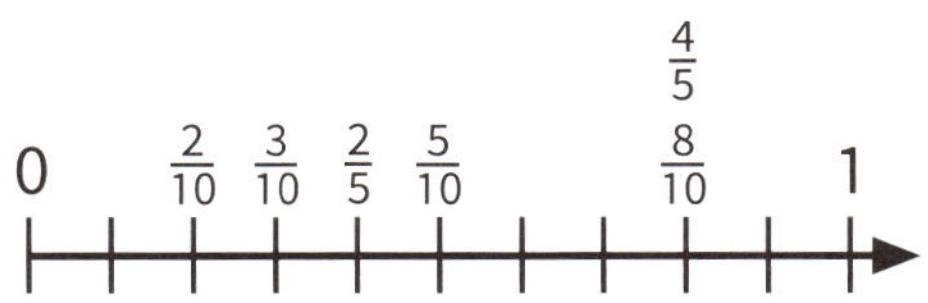

3 a) $\frac{3}{4}\,l = \frac{3 \cdot 250}{4 \cdot 250}\,l = \frac{750}{1000}\,l = 750\,ml$

$\frac{3}{5}\,t = \frac{3 \cdot 200}{5 \cdot 200}\,t = \frac{600}{1000}\,t = 600\,kg$

$2\frac{5}{6}\,h = 2\,h\ 50\,min = 170\,min$

$7\frac{5}{8}\,kg = \frac{61}{8}\,kg = \frac{61 \cdot 125}{8 \cdot 125}\,kg = \frac{7625}{1000}\,kg = 7625\,g$

b) $250\,g = \frac{250}{1000}\,kg = \frac{1}{4}\,kg$

$330\,ml = \frac{330}{1000}\,l = \frac{33}{100}\,l$

$875\,dm = \frac{875}{10000}\,km = \frac{7}{80}\,km$

$25\,cm^2 = \frac{25}{10000}\,m^2 = \frac{1}{400}\,m^2$

4 a) $\frac{3}{5} = 60\,\%$; $\frac{1}{2} = 50\,\%$; $\frac{4}{25} = 16\,\%$

b) $\frac{14}{40} = 35\,\%$; $\frac{1}{20} = 5\,\%$; $\frac{5}{8} = 62{,}5\,\%$

Test 2: Anteile von Größen — Seite 17

1 a)

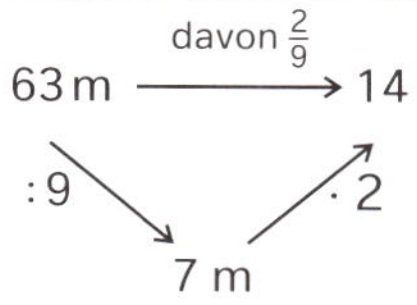

b) 92 km c) 175 € d) 546 kg
e) 210° f) 270 l g) 1529 €
h) 68 cm

2 a) $\frac{18}{22} = \frac{9}{11}$ b) $\frac{4}{72} = \frac{1}{18}$ c) $\frac{12}{30} = \frac{2}{5}$

3 a) In der Klasse sind 28 Schülerinnen und Schüler.

b) Lucia möchte insgesamt 45 km weit fahren.

c) Das Fahrrad kostet 880 €

d) Die Oberfläche des Mondes beträgt 38 Mio. km^2.

e) $\frac{14}{84} = \frac{1}{6}$
Auf dem Mond wiegt man nur $\frac{1}{6}$ dessen, was man auf der Erde wiegt.
(Das liegt nicht daran, dass man auf dem Flug zum Mond so viel abnimmt, sondern dass die Anziehungskraft des Mondes nur $\frac{1}{6}$ der Erdanziehung beträgt.)

Test 3: Aufgaben für Experten — Seite 18

1

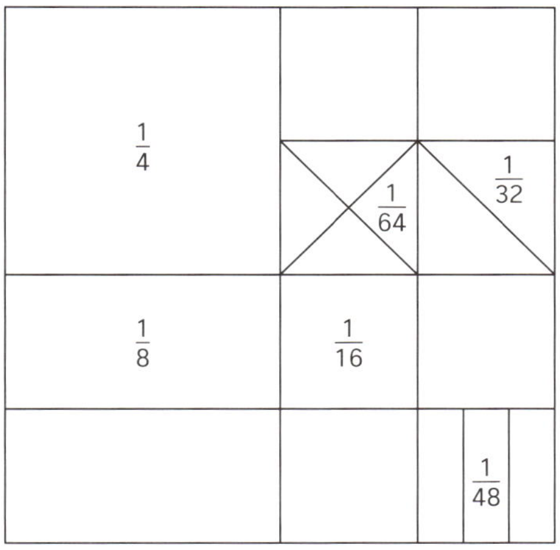

(Die Brüche können natürlich auch in anderen, gleich großen Teilflächen stehen.)

2 Grafik siehe nächste Seite oben.

3 $\frac{1}{8}$ der Gesamtfläche des Hofes:

$31\frac{1}{4}\,ha : 5 = \frac{125}{4}\,ha \cdot \frac{1}{5} = \frac{25}{4}\,ha.$

Gesamtfläche $= \frac{25}{4}\,ha \cdot 8 = 50\,ha.$

Die Gesamtfläche des Hofes sind 50 Hektar.

Lösung zu Aufgabe 2, Test 3

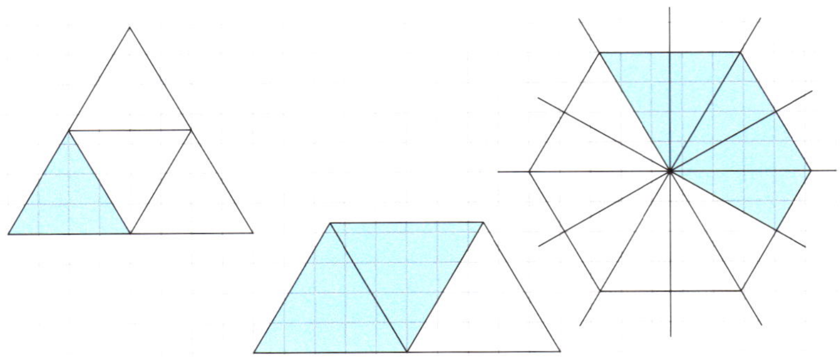

Klassenarbeit Nr. 2 — Seite 19 – 20

Wenn nicht anders angegeben, gibt es für jede Teilaufgabe bzw. jeden Teilschritt einen Punkt.

1 a)

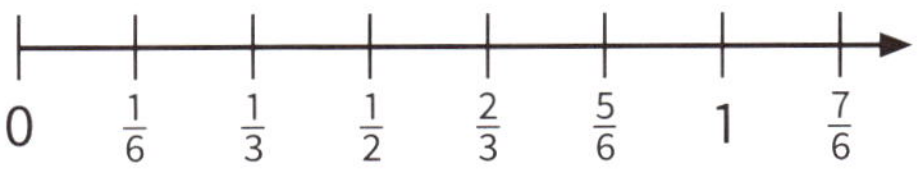

b)

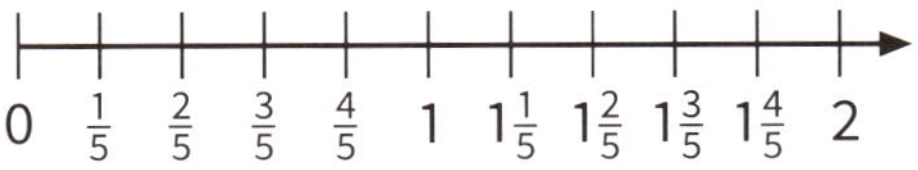

(je 3 P.)

2 Rechne mit dem Schema von Seite 15!

a) $\frac{5}{12}$ von 300 g = 125 g

b) $\frac{4}{7}$ von 245 € = 140 €

c) $1\frac{3}{8}$ von 640 km = 880 km

3 Hauptnenner: 144 (1 P.)

$\Rightarrow \frac{1}{6}\left(\frac{24}{144}\right) < \frac{3}{16}\left(\frac{27}{144}\right) < \frac{2}{9}\left(\frac{32}{144}\right)$ (1 P.)

David bekommt am wenigsten, Hanna am meisten. (1 P.)

4 a) $\frac{4}{5} = 80\,\%$ b) $\frac{13}{25} < 54\,\%$ c) $\frac{34}{40} = 85\,\%$

d) $70\,\% > \frac{3}{5}$ e) $63\,\% > \frac{5}{8}$ f) $65\,\% < \frac{17}{25}$

5 a) $\frac{1}{3} = 33{,}33\,\%$ (2 P.)

b) $\frac{3}{8} = 37{,}5\,\%$ (2 P.)

c) $\frac{1}{4} = 25\,\%$ (2 P.)

24 – 20 Punkte Super!	19 – 13 Punkte In Ordnung!	12 – 0 Punkte Bitte noch einmal üben!

Kapitel 3: Rechnen mit Brüchen

Test 1: Brüche addieren und subtrahieren — Seite 23

1 a) $\frac{11}{14} + \frac{9}{14} = \frac{11+9}{14} = \frac{20}{14} = \frac{10}{7} = 1\frac{3}{7}$

b) $\frac{17}{18} - \frac{5}{18} = \frac{17-5}{18} = \frac{12}{18} = \frac{2}{3}$

c) $\frac{7}{8} + \frac{7}{12} = \frac{7\cdot 3}{8\cdot 3} + \frac{7\cdot 2}{12\cdot 2} = \frac{21}{24} + \frac{14}{24} = \frac{21+14}{24} = \frac{35}{24}$
$= 1\frac{11}{24}$

d) $\frac{14}{15} - \frac{9}{10} = \frac{14\cdot 2}{15\cdot 2} - \frac{9\cdot 3}{10\cdot 3} = \frac{28}{30} - \frac{27}{30} = \frac{28-27}{30} = \frac{1}{30}$

2 a) $1\frac{4}{5} + 3\frac{3}{5} = (1+3) + \left(\frac{4}{5} + \frac{3}{5}\right) = 4 + \frac{7}{5} = 4 + 1\frac{2}{5}$
$= 5\frac{2}{5}$

b) $3\frac{5}{7} - 2\frac{3}{7} = (3-2) + \left(\frac{5}{7} - \frac{3}{7}\right) = 1 + \frac{2}{7} = 1\frac{2}{7}$

c) $4\frac{5}{6} - 2\frac{7}{9} = (4-2) + \left(\frac{15}{18} - \frac{14}{18}\right) = 2 + \frac{1}{18} = 2\frac{1}{18}$

d) $5\frac{5}{12} - 3\frac{7}{9} = \frac{65}{12} - \frac{34}{9} = \frac{195-136}{36} = \frac{59}{36} = 1\frac{23}{36}$

3 a) $\frac{1}{2}\,\text{m} + 10\,\text{cm} = \frac{50}{100}\,\text{m} + 10\,\text{cm}$
$= 50\,\text{cm} + 10\,\text{cm} = 60\,\text{cm}$
$= \frac{60}{100}\,\text{m} = \frac{3}{5}\,\text{m}$

b) $\frac{3}{4}\,\text{h} - 25\,\text{min} = \frac{45}{60}\,\text{h} - 25\,\text{min}$
$= 45\,\text{min} - 25\,\text{min}$
$= 20\,\text{min} = \frac{20}{60}\,\text{h} = \frac{1}{3}\,\text{h}$

c) $4\frac{1}{4}\,\text{kg} - 600\,\text{g} = \frac{4250}{1000}\,\text{kg} - 600\,\text{g}$
$= 4250\,\text{g} - 600\,\text{g} = 3650\,\text{g}$
$= 3\frac{650}{1000}\,\text{kg} = 3\frac{13}{20}\,\text{kg}$

4 $2\frac{4}{9} + 6\frac{13}{15} - 3\frac{1}{5} = (2+6) + \left(\frac{4}{9} + \frac{13}{15}\right) - 3\frac{1}{5}$
$= 8 + \frac{20+39}{45} - 3\frac{1}{5}$
$= 8 + \frac{59}{45} - 3\frac{1}{5}$
$= 8 + 1\frac{14}{45} - 3\frac{1}{5}$
$= 9\frac{14}{45} - 3\frac{1}{5}$
$= (9-3) + \left(\frac{14}{45} - \frac{1}{5}\right)$
$= 6 + \left(\frac{14}{45} - \frac{9}{45}\right) = 6 + \frac{\not 5^{\,1}}{\not{45}_{\,9}} = 6\frac{1}{9}$

5 a)

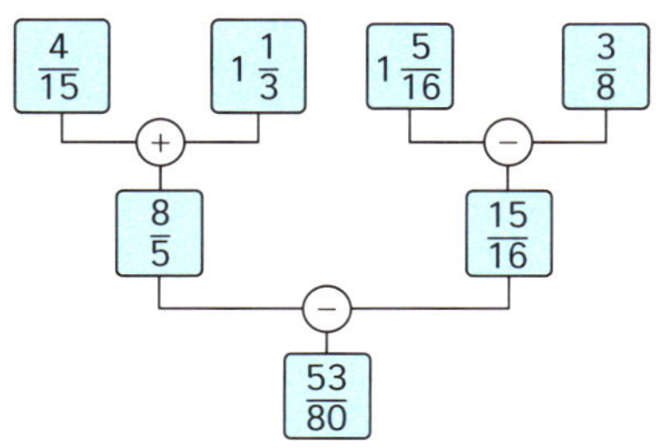

b)

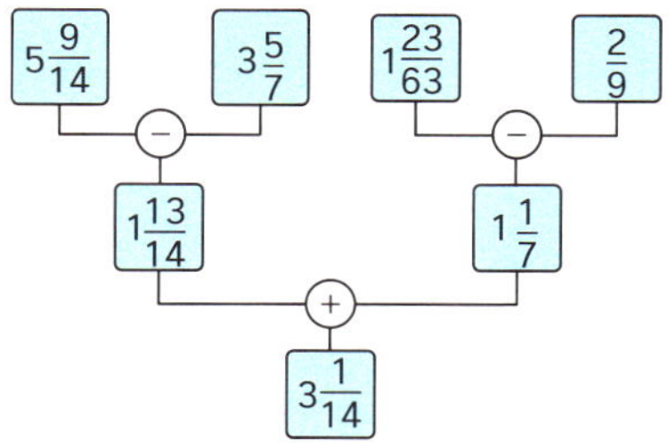

Test 2: Brüche multiplizieren und dividieren **Seite 24**

1 a) $\frac{\cancel{4}^{1}}{\cancel{9}_{1}}\cdot\frac{\cancel{18}^{2}}{\cancel{16}_{4}}=\frac{\cancel{2}^{1}}{\cancel{4}_{2}}=\frac{1}{2}$ b) $\frac{\cancel{7}^{1}}{\cancel{11}_{1}}\cdot\frac{\cancel{33}^{3}}{\cancel{35}_{5}}=\frac{3}{5}$

c) $\frac{\cancel{12}^{6}}{\cancel{21}_{3}}\cdot\frac{\cancel{14}^{2}}{\cancel{30}_{15}}=\frac{\cancel{6}^{2}}{\cancel{3}_{1}}\cdot\frac{2}{15}=\frac{2}{1}\cdot\frac{2}{15}=\frac{4}{15}$

d) $\frac{\cancel{12}^{3}}{1}\cdot\frac{7}{\cancel{4}_{1}}=\frac{3}{1}\cdot\frac{7}{1}=21$

2

	$\frac{3}{10}$	$\frac{8}{21}$	12	$2\frac{2}{35}$
$\frac{5}{6}$	$\frac{1}{4}$	$\frac{20}{63}$	10	$1\frac{5}{7}$
$1\frac{5}{9}$	$\frac{7}{15}$	$\frac{16}{27}$	$18\frac{2}{3}$	$3\frac{1}{5}$

3 a)

·	$\frac{2}{5}$	$\frac{5}{6}$	$\frac{7}{20}$	$\frac{11}{12}$
3	$\frac{6}{5}$	$\frac{15}{6}$	$\frac{21}{20}$	$\frac{33}{12}$
7	$\frac{14}{5}$	$\frac{35}{6}$	$\frac{49}{20}$	$\frac{77}{12}$

b)

:	3	2	6	11
$\frac{4}{9}$	$\frac{4}{27}$	$\frac{2}{9}$	$\frac{2}{27}$	$\frac{4}{99}$
$\frac{8}{15}$	$\frac{8}{45}$	$\frac{4}{15}$	$\frac{4}{45}$	$\frac{8}{165}$

a) richtig b) falsch $\frac{2}{3}\cdot 12=8$

c) falsch $15:\frac{30}{4}=2$ d) richtig

e) richtig f) falsch $2\frac{7}{8}:5\frac{1}{4}=\frac{23}{42}$

Test 3: Aufgaben für Experten **Seite 25**

1 1. Möglichkeit

$\left(2\frac{1}{2}:3\frac{5}{6}\right):4\frac{1}{3}=\left(\frac{5}{2}:\frac{23}{6}\right):\frac{13}{3}=\left(\frac{5}{\cancel{2}_{1}}\cdot\frac{\cancel{6}^{3}}{23}\right)\cdot\frac{3}{13}=\frac{15}{23}$

$\cdot\frac{3}{13}=\frac{45}{299}$

2. Möglichkeit

$2\frac{1}{2}:\left(3\frac{5}{6}:4\frac{1}{3}\right)=\frac{5}{2}:\left(\frac{23}{6}:\frac{13}{3}\right)=\frac{5}{2}:\left(\frac{23}{\cancel{6}_{2}}\cdot\frac{\cancel{3}^{1}}{13}\right)=\frac{5}{2}$

$:\frac{23}{26}=\frac{5}{\cancel{2}_{1}}\cdot\frac{\cancel{26}^{13}}{23}=\frac{65}{23}=2\frac{19}{23}$

Ich erhalte, je nachdem, wo ich die Klammern setze, unterschiedliche Ergebnisse:
$\frac{45}{299}\neq 2\frac{19}{23}$

2 $\left(6\frac{1}{9}:\left(6\frac{1}{9}-2\frac{3}{4}\right)\right)\cdot\left(\frac{9}{40}+\frac{3}{16}\right)$

$=\left(\frac{55}{9}:\left(\frac{55}{9}-\frac{11}{4}\right)\right)\cdot\frac{18+15}{80}=\left(\frac{55}{9}:\frac{220-99}{36}\right)\cdot\frac{33}{80}$

$=\left(\frac{55}{9}:\frac{121}{36}\right)\cdot\frac{33}{80}=\frac{55\cdot 36}{9\cdot 121}\cdot\frac{33}{80}=\frac{5\cdot 4}{1\cdot 11}\cdot\frac{33}{80}$

$=\frac{20}{11}\cdot\frac{33}{80}=\frac{1\cdot 3}{1\cdot 4}=\frac{3}{4}$

3 Flächeninhalt der Pappe:
$1\frac{4}{5}\cdot 1\frac{1}{3}=\frac{9}{5}\cdot\frac{4}{3}=\frac{3\cdot 4}{5\cdot 1}=\frac{12}{5}\,m^2$

Flächeninhalt des Abfalls:
$4\cdot\left(\frac{1}{4}\cdot\frac{1}{4}\right)=4\cdot\frac{1}{16}=\frac{4}{16}=\frac{1}{4}\,m^2$

Die Gesamtfläche der Pappe bildet den Nenner des Bruchterms, die Fläche des Abfalls den Zähler:

$\frac{\frac{1}{4}\cancel{m^2}}{\frac{12}{5}\cancel{m^2}}=\frac{1}{4}\cdot\frac{5}{12}=\frac{5}{48}$

Anwort: Aus der Pappe wurden $\frac{5}{48}$ herausgeschnitten.

Klassenarbeit Nr. 3 **Seite 26–27**

Falls nicht anders angegeben, gibt es für jede Teilaufgabe bzw. jeden Teilschritt einen Punkt.

1 a) $\frac{4}{8}+\frac{6}{8}+\frac{5}{8}=\frac{15}{8}=1\frac{7}{8}$

b) $\frac{4}{6}+\frac{3}{6}+\frac{5}{6}=\frac{12}{6}=2$

c) $\frac{10}{12}+\frac{8}{12}+\frac{1}{12}=\frac{19}{12}=1\frac{7}{12}$

d) $\frac{16}{20}-\frac{5}{20}-\frac{3}{20}=\frac{8}{20}=\frac{\cancel{8}^{2}}{\cancel{20}_{5}}=\frac{2}{5}$

e) $\frac{21}{24}-\frac{3}{24}-\frac{2}{24}=\frac{16}{24}=\frac{2}{3}$

f) $\left(\frac{5}{7}+\frac{8}{21}\right)-\frac{5}{14}=\left(\frac{15}{21}+\frac{8}{21}\right)-\frac{5}{14}=\frac{23}{21}-\frac{5}{14}$

$=\frac{46}{42}-\frac{15}{42}=\frac{31}{42}$

2 a) $\frac{2}{3}\cdot\frac{5}{7}=\frac{10}{21}$ b) $\frac{1}{9}\cdot\frac{5}{8}=\frac{5}{72}$ c) $\frac{6}{18}\cdot 36=12$

d) $\frac{8}{17}:4=\frac{2}{17}$ e) $\frac{3}{5}:\frac{2}{7}=\frac{21}{10}$ f) $\frac{7}{25}:\frac{4}{3}=21\%$

(je 0,5 P.)

3

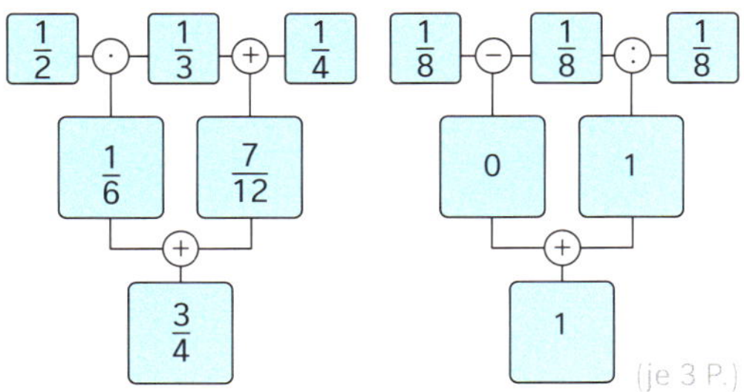

(je 3 P.)

4 a) $4\frac{3}{8}$ b) 1 c) $\frac{1}{28}$ d) $\frac{3}{34}$

5 a) $\frac{2}{5}+\frac{3}{7}=\frac{14}{35}+\frac{15}{35}=\frac{29}{35}$

b) $\frac{2}{8}+\frac{1}{6}-\left(\frac{1}{12}+\frac{1}{3}\right)=\frac{6}{24}+\frac{4}{24}-\left(\frac{2}{24}+\frac{8}{24}\right)=0$

c) $2\frac{3}{4}+3\frac{2}{5}$

$=5+\frac{3}{4}+\frac{2}{5}=5+\frac{15}{20}+\frac{8}{20}=5\frac{23}{20}=6\frac{3}{20}$

d) $7\frac{2}{9} - \left(3\frac{5}{27} - 2\frac{3}{81}\right) = 7\frac{18}{81} - 3\frac{15}{81} + 2\frac{3}{81} = 6\frac{6}{81}$
$= 6\frac{2}{27}$

6 a) $\frac{\cancel{2}^{1}}{\cancel{9}_{1}} \cdot \frac{\cancel{\cancel{27}}^{\cancel{3}\,1}}{\cancel{\cancel{36}}_{\cancel{12}\,6}} = \frac{1}{6}$ b) $\frac{\cancel{4}^{1}}{7} \cdot \frac{3}{1} \cdot \frac{1}{\cancel{8}_{2}} = \frac{3}{14}$

c) $\frac{25}{78} : \frac{75}{13} = \frac{\cancel{25}^{1}}{\cancel{78}_{6}} \cdot \frac{\cancel{13}^{1}}{\cancel{75}_{3}} = \frac{1}{18}$

d) $1\frac{13}{14} : 4\frac{2}{7} = \frac{27}{14} : \frac{30}{7} = \frac{\cancel{27}^{9}}{\cancel{14}_{2}} \cdot \frac{\cancel{7}^{1}}{\cancel{30}_{10}} = \frac{9}{20}$ (je 0,5 P.)

27 – 24 Punkte Super! 23 – 14 Punkte In Ordnung! 13 – 0 Punkte Bitte noch einmal üben!

Kapitel 4: Kreise und Winkel

Test 1: Kreise und Kreisausschnitte

Seite 32 – 33

1 a) Innerhalb von K_1 liegen: B, H, J, L;
auf K_1 liegen: A, G, K, M;
außerhalb von K_1 liegen: C, D, E, F, N.

b) (1) H, J; (2) K, G; (3) L; (4) E; (5) C, N;
Zu (1): Die Schnittmenge von K_1 und K_2 enthält alle Punkte, deren Abstände von den Mittelpunkten kleiner sind als die Kreisradien.

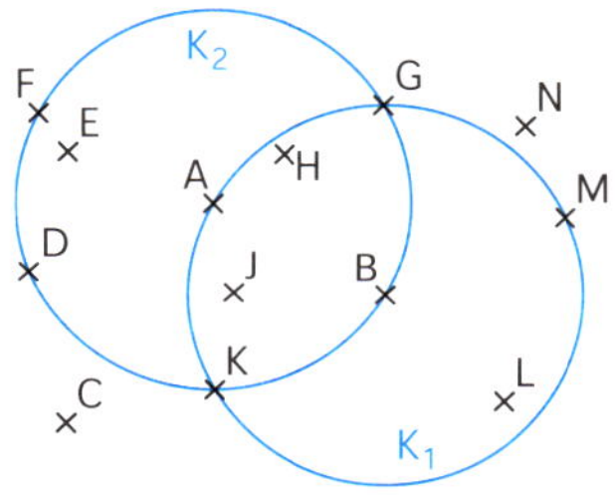

Zu (2): Gemeint sind die beiden Schnittpunkte der Kreislinien.
Zu (3): Gemeint sind alle Punkte innerhalb von K_1 und außerhalb von K_2.
Zu (4): Gemeint sind alle Punkte innerhalb von K_2 und außerhalb von K_1.
Zu (5): Gemeint sind alle Punkte außerhalb von K_1 und K_2.

2 Alle Punkte des farbigen Kreisrings liegen weiter als r_1, aber nicht so weit wie r_2 von M e

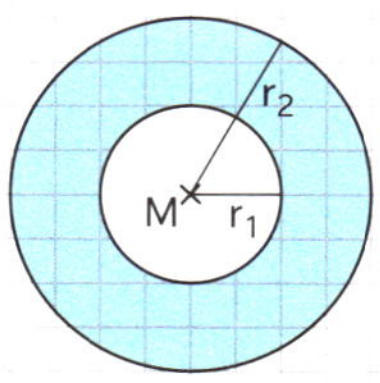

3 und **4**

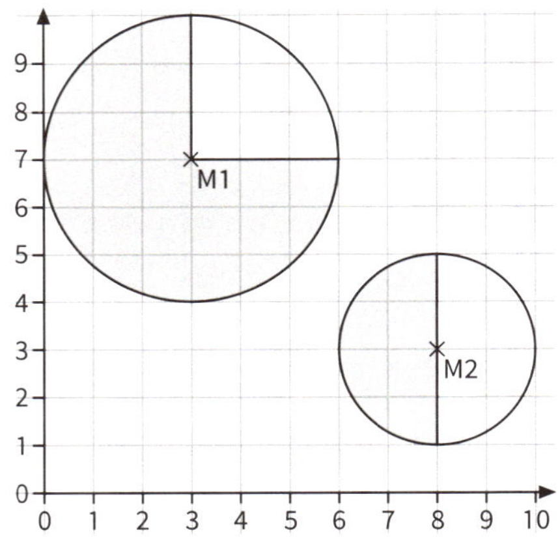

5 a) Der Radius passt genau sechsmal auf den Kreis.
b) Es entsteht ein regelmäßiges Sechseck.

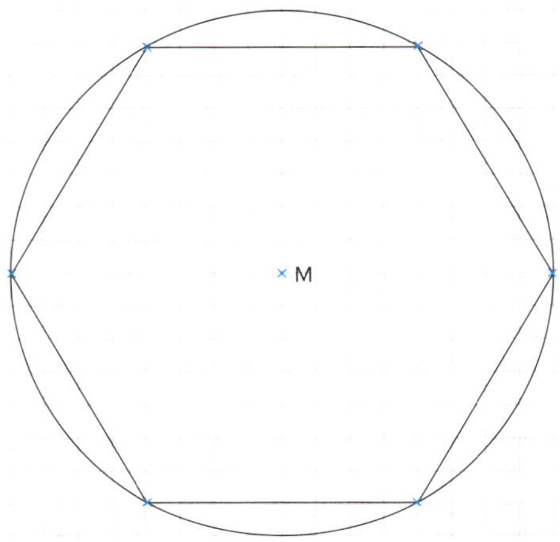

Test 2: Winkel und Winkelarten

Seite 34

1 a) spitzer Winkel;
α, $\measuredangle(s_1, s_2)$, $\measuredangle(ASB)$
b) stumpfer Winkel;
β, $\measuredangle(g, h)$, $\measuredangle(QPR)$
c) überstumpfer Winkel;
γ, $\measuredangle(g, s)$, $\measuredangle(XAK)$

2 Bei b) und c) individuelle Lösungen möglich.

a)
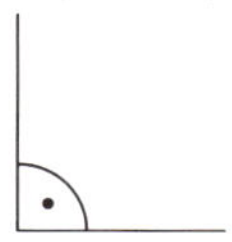

b)
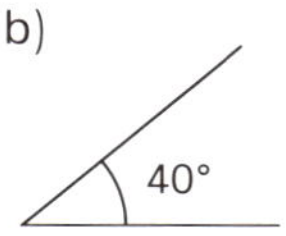

c)
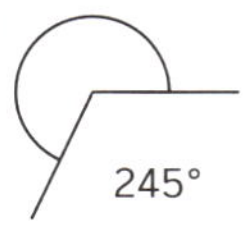

3 a) $\beta = 45° + 135° = 180°$; gestreckter Winkel
b) $\gamma = 2 \cdot 45° = 90°$; rechter Winkel
c) $\delta = 4 \cdot 45° - 30° = 150°$; stumpfer Winkel

4 $\alpha = 180° - 46° = 134°$
$\beta = 46°$
$\gamma = 134°$

5 $\delta = 37°$ (Scheitelwinkel)
$\beta = 37°$ (Wechselwinkel)
$\alpha = 180° - 37° = 143°$
$\gamma = 180° - 37° - 63° = 80°$
$\varepsilon = 80°$ (Wechselwinkel von γ)

Test 3: messen und zeichnen **Seite 35**

1

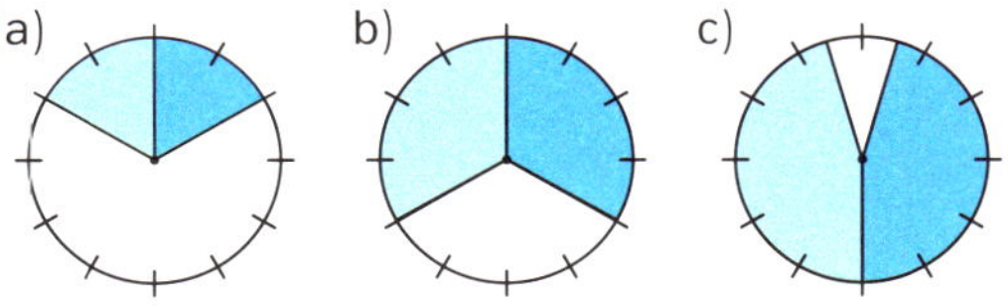

a)	b)	c)
2:00 Uhr oder 10:00 Uhr	4:00 Uhr oder 8:00 Uhr	12:30 Uhr oder 11:30 Uhr

Hinweis: Jeder Teilstrich auf der Skala einer Uhr entspricht einem Winkel von $360° : 12 = 30°$. Natürlich wird jeder der drei Winkel von den beiden Zeigern während *jeder* Stunde einmal gebildet, allerdings lassen sich nur die gezeigten Positionen zur vollen bzw. halben Stunde ohne größeren Rechenaufwand bestimmen.

2

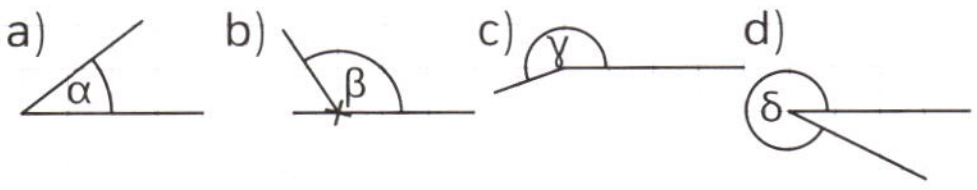

a) spitzer Winkel b) stumpfer Winkel
c) und d) überstumpfer Winkel

3 $\alpha = 25°$ $\beta = 43°$ $\gamma = 43°$ $\delta = 249°$
Winkelsumme: $25° + 43° + 43° + 249° = 360°$

4 a) $\alpha = \measuredangle(BAC) = 60°$; $\beta = \measuredangle(CBA) = 50°$;
$\gamma = \measuredangle(ACB) = 70°$

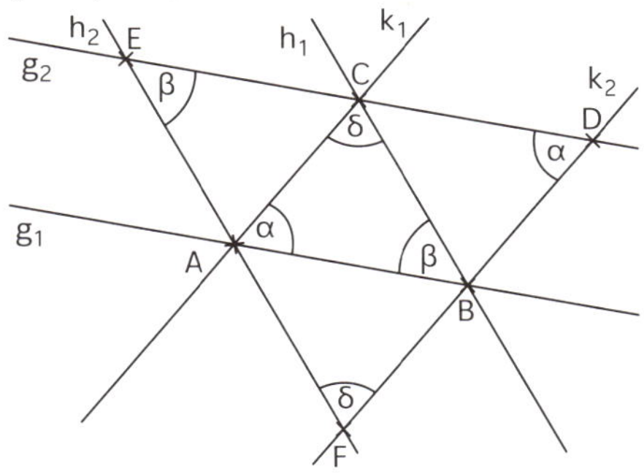

b) $\measuredangle(EDF) = \alpha = 60°$; $\measuredangle(FED) = \beta = 50°$;
$\measuredangle(DFE) = \gamma = 70°$

Test 4: Aufgaben für Experten **Seite 36**

1

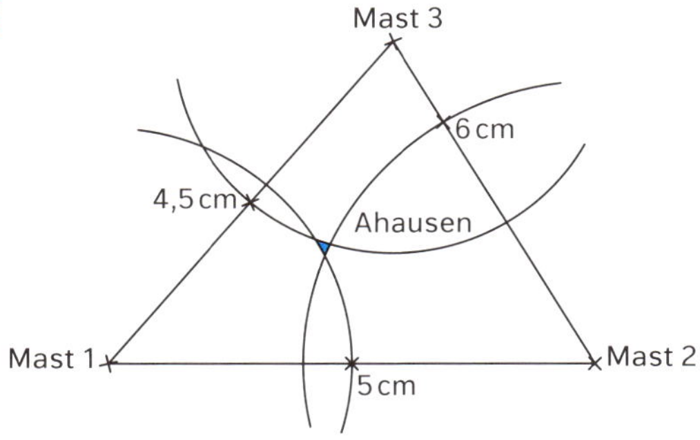

Es gibt ein kleines Funkloch (eingefärbt).

2 Tobias nimmt eine Schnur, die er so an einen Pflock bindet, dass sie sich um den Pflock herum drehen kann. Er misst nun genau 2,5 m auf der Schnur ab und befestigt an der entsprechenden Stelle etwas zum Zeichnen, z. B. eine Straßenkreide. Anschließend zeichnet er mit gespannter Schnur den Kreis.

3 ① Schlage um S einen Kreisbogen, der von A aus über B hinausgeht.
② Übertrage mit einem Kreisbogen um B den Abstand $\overline{AB}$ auf BC (rot gestrichelt).
③ Die Halbgerade k von S durch C (rot) bildet mit h den Winkel $\beta = \alpha$.

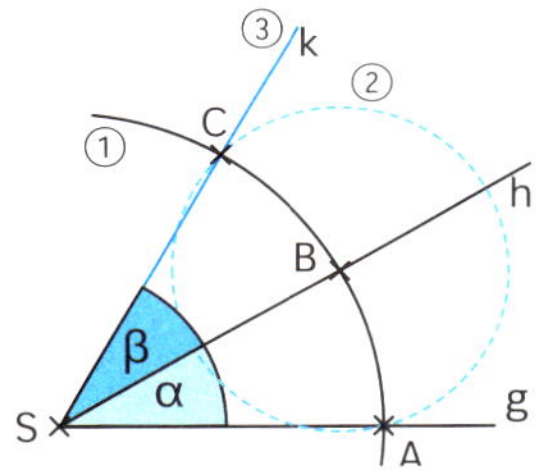

4 Es gilt: $\gamma + \delta + \varepsilon = 180°$ (gestreckter Winkel).
Außerdem gilt: $\delta = \alpha$ (Wechselwinkel) und $\varepsilon = \beta$ (Stufenwinkel).
Somit gilt auch $\gamma + \alpha + \beta = \alpha + \beta + \gamma = 180°$.

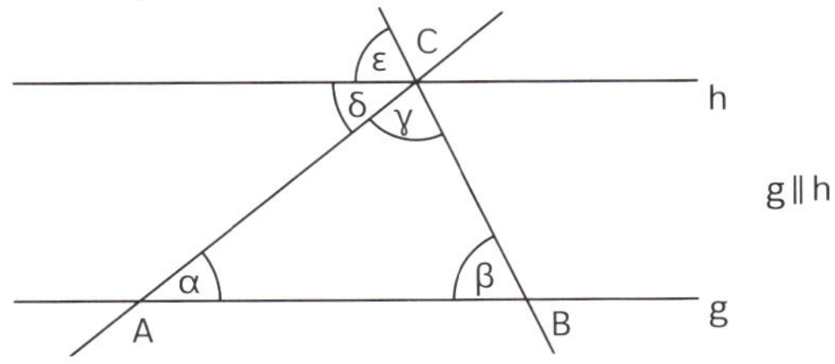

Klassenarbeit Nr. 4 — Seite 37–38

Wenn nicht anders angegeben, gibt es für jede Teilaufgabe bzw. jeden Teilschritt einen Punkt.

1 a) A liegt innerhalb des Kreises, B außerhalb und C auf dem Kreis. (2 P.)

b)

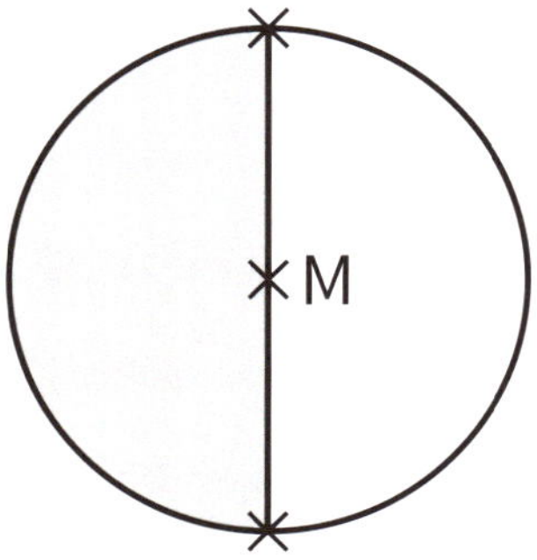

(2 P.)

c) $\frac{1}{2}; \frac{2}{4}; \frac{3}{6}$ (2 P.)

2 a) spitzer Winkel
b) stumpfer Winkel
c) überstumpfer Winkel

a) b) c)

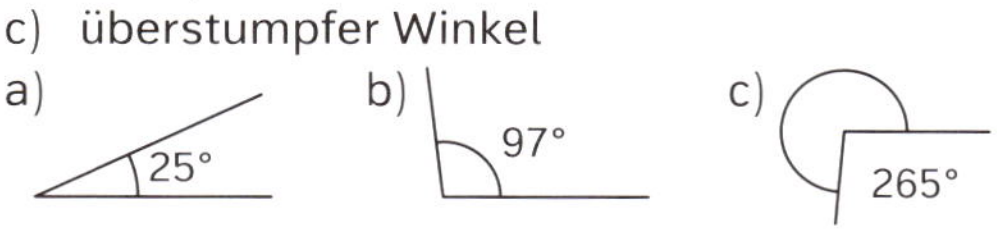

(je 0,5 P. für Skizzen und Angabe)

3 a) 90° b) 150° c) 105° d) 75°

4

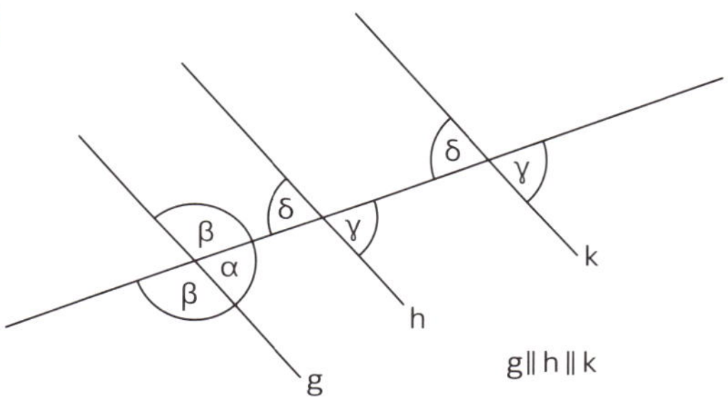

5 Nach Portugal ist das Dehnmaß 30° (1 Stunde) und nach Los Angeles 270° (9 Stunden = 9 · 30°) (je 2 P.)

6 a) $\alpha = 180° - 15° - 35° = 130°$
$\beta = 15°$ (Scheitelwinkel)
$\gamma = \alpha = 130°$
$\delta = 35°$ (Scheitelwinkel)

b) $\alpha = 180° - 112° - 28° = 180° - 140° = 40$
$\beta = 28°$ (Stufenwinkel)
$\gamma = 180° - 112° = 68°$
$\delta = 40°$ (Stufenwinkel von α)
$\varepsilon = 40°$ (Scheitelwinkel von α)
$\varphi = 180° - 112 = 68°$

30–26 Punkte Super!	25–15 Punkte In Ordnung!	14–0 Punkte Bitte noch einmal üben!

Kapitel 5: Flächeninhalt und Rauminhalt

Test 1: Flächeninhalte — Seite 45

1 Alle Figuren überdecken 32 Kästchen.

2 a) 12 cm² b) 7 cm²

3 a) $25\ m^2 = 2500\ dm^2$ $31\ cm^2 = 3100\ mm^2$
$12\ a = 1200\ m^2$ $41\ ha = 4100\ a$
b) $2100\ dm^2 = 21\ m^2$ $4500\ mm^2 = 45\ cm^2$
$300\ a = 3\ ha$ $60\,000\ mm^2 = 600\ cm^2$

4 Es gibt mehrere Möglichkeiten. Beispiel:

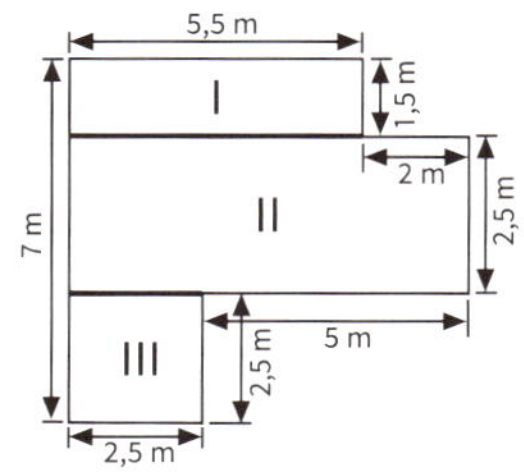

I: $A = 5{,}5\ m \cdot 1{,}5\ m = 8{,}25\ m^2$
II: $A = 7{,}5\ m \cdot 3\ m = 22{,}5\ m^2$
III: $A = 2{,}5\ m \cdot 2{,}5\ m = 6{,}25\ m^2$
Gesamtflächeninhalt: $A = 37\ m^2$

Test 2: Netze und Schrägbilder — Seite 46–47

1 Grafik siehe nächste Seite.

2

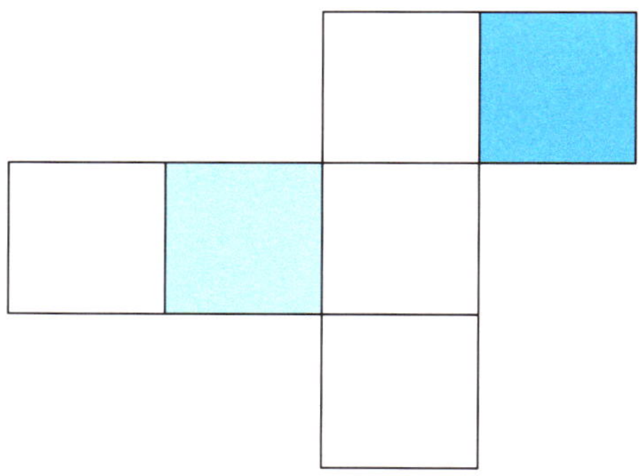

3 Grafik siehe Seite 112.

Test 3: Oberfläche und Volumen — Seite 48

1 a) Am besten rechnet man die Maße in dm um, dann entspricht das Volumen direkt der Wassermenge in Liter:
(Achtung: wird nur zur Hälfte gefüllt!)
$V = 12\,dm \cdot 5\,dm \cdot 3\,dm = 180\,dm^3 = 180\,l$
Es sind 180 Liter Wasser im Aquarium.

b) $90\,000\,cm^3$ entsprechen $90\,dm^3$ und damit 90 l Wasser. Es passen jetzt noch $180\,l - 90\,l = 90\,l$ Wasser hinein.

2 a) $V = 1{,}4\ m \cdot 0{,}65\ m \cdot 2{,}3\ m = 2{,}093\ m^3$

b) $2{,}093\ m^3 \rightarrow 2093\ dm^3 \rightarrow 2\,093\,000\ cm^3$
(Die Umwandlungszahl ist 1000.)

c) $O = 2 \cdot (1{,}4\ m \cdot 2{,}3\ m) + 2 \cdot (1{,}4\ m \cdot 0{,}65\ m)$
$+ 2 \cdot (0{,}65\ m \cdot 2{,}3\ m)$
$= 11{,}25\ m^2$
Man muss die mittlere Dose kaufen.

d) Wenn man zwei Glastüren hat, kann man einmal die Fläche $A = 1{,}4\ m \cdot 2{,}3\ m = 3{,}22\ m^2$ abziehen (Frontseite). Es bleibt eine Fläche von $11{,}25\ m^2 - 3{,}22\ m^2 = 8{,}03\ m^2$ übrig.
Es würde die kleine Dose reichen.

3 a) $A = 11\ m \cdot 5{,}5\ m + 2 \cdot (5{,}5\ m \cdot 2{,}2\ m)$
$+ 2 \cdot (11\ m \cdot 2{,}2\ m)$
$= 133{,}1\ m^2$.
Es müssen $133{,}1\ m^2$ gestrichen werden.

b) $V = 11\ m \cdot 5{,}5\ m \cdot 2{,}2\ m = 133{,}1\ m^3$.
Das entspricht 133 100 l Wasser. Wenn der Schlauch pro Stunde 2000 l Wasser liefert, dauert es
133 100 2000 = 66,55 Stunden,
also 2 Tage 18 Stunden 33 Minuten.

Test 3: Oberfläche und Volumen

Seite 49

1 Ein Würfel mit der Kantenlänge von 1 cm hat ein Volumen von $1\ cm^3$.

a) Der große Würfel ist aus $3 \cdot 3 \cdot 3 = 27$ kleinen Würfeln zusammengesetzt;
das Volumen beträgt also $27\ cm^3$.

b) Auf den untersten zwei Ebenen befinden sich $4 \cdot 4 \cdot 2 = 32$ Würfel, auf der oberen 4;
das Volumen beträgt $36\ cm^3$.

c) 1. Ebene: $4 \cdot 4 = 16$
2. Ebene: $4 \cdot 4 - 1 = 15$
3. Ebene: 7

Lösung zu Aufgabe 1, Test 2

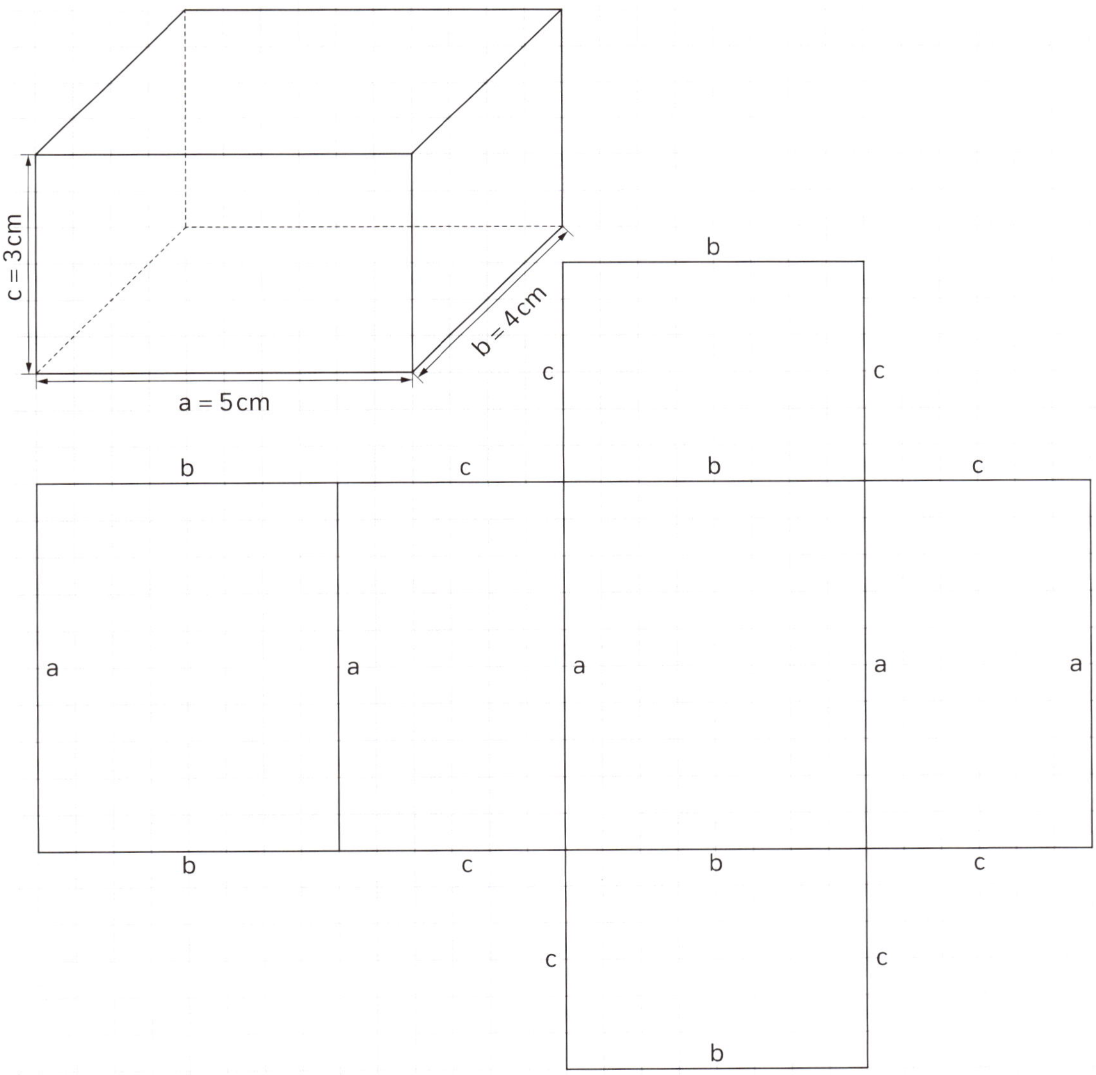

Lösungen der Seite 47

Lösung zu Aufgabe 3, Test 2

a) Würfel mit a = 4 cm

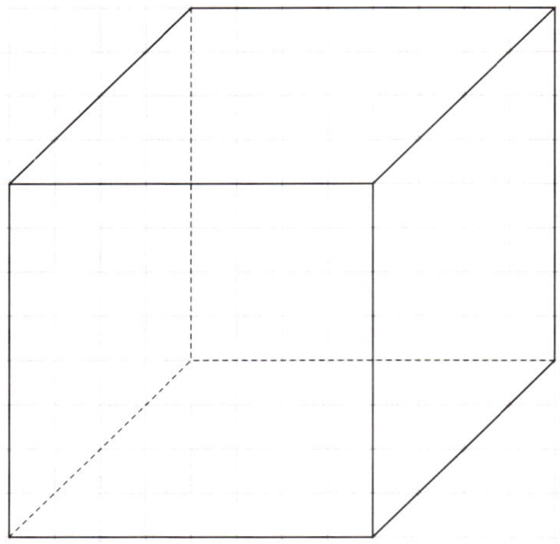

b) Würfel mit a = 2,5 cm

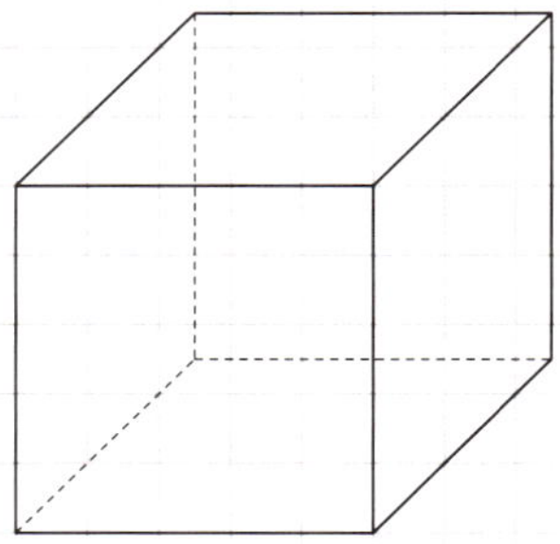

c) Würfel mit a = 1 cm

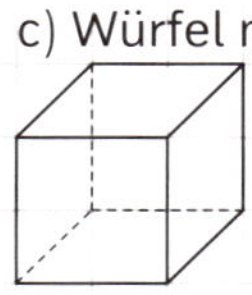

Für die Quader gilt: Die Länge (Grundkante) soll a heißen, die Breite (Tiefe) b und die Höhe c.

d) Quader mit a = 4 cm, b = 1 cm, c = 2 cm

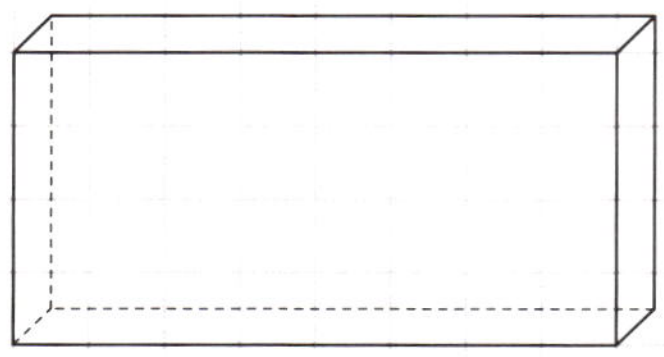

e) Quader mit a = 1 cm, b = 2 cm, c = 4 cm

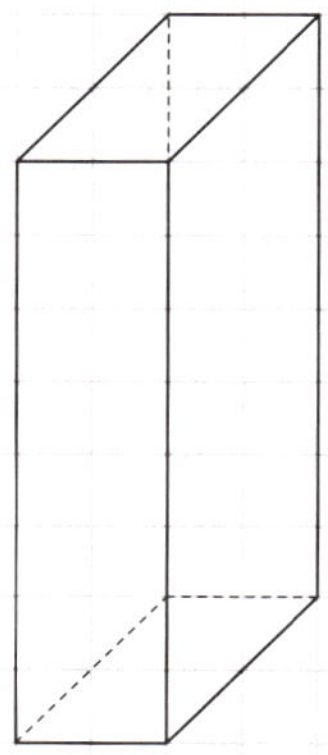

f) Quader mit a = 2 cm, b = 4 cm, c = 1 cm

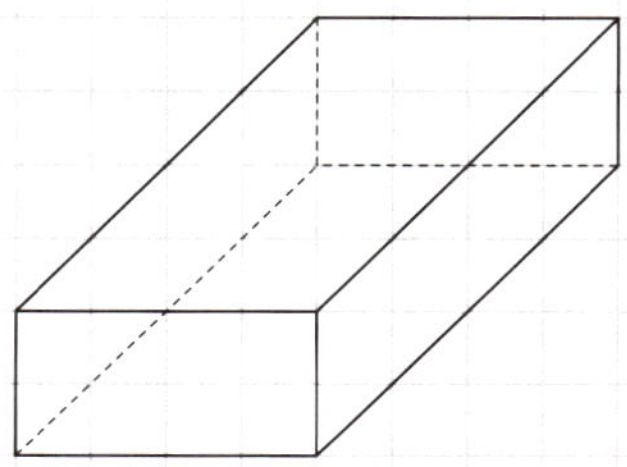

g) Zeichne das Schrägbild, das zum vorgegebenen Netz passt. Übernimm auch die Färbung.

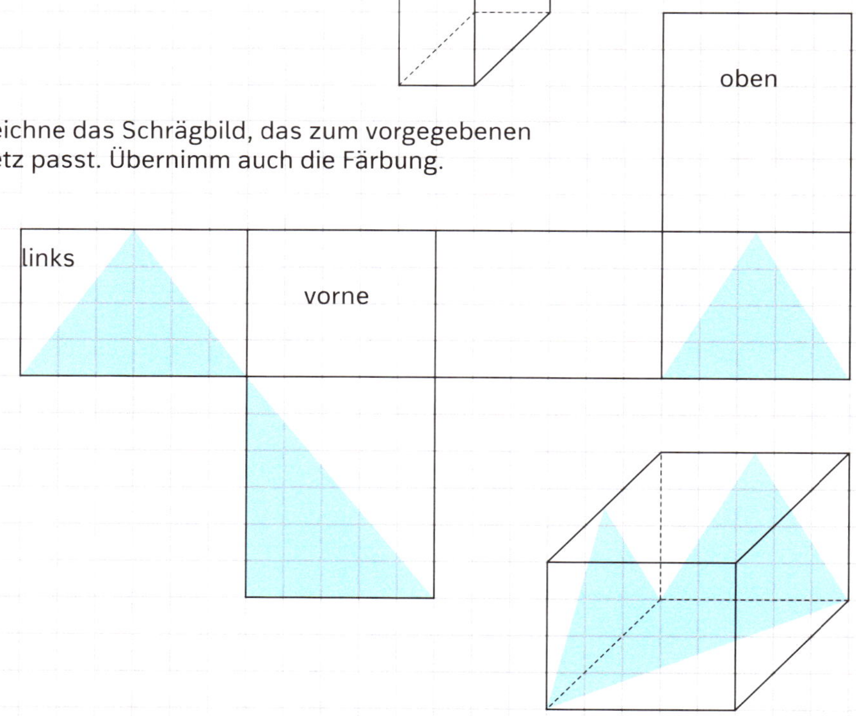

(Achtung: Gehe davon aus, dass da, wo du nichts siehst, ein Würfel ist! Du darfst also nicht nur die 6 sichtbaren Würfel zählen, sondern auch den 7., der in der hinteren Linken Ecke sitzt.)
4. Ebene: 4
$16 + 15 + 7 + 4 = 42$
Das Volumen beträgt $42\,cm^3$.

d) 1. und 2. Ebene: $4 \cdot 4 \cdot 2 = 32$
3. Ebene: 4
4. und 5. Ebene: 4 halbe Würfel, also 2
$32 + 4 + 2 = 38$
Das Volumen beträgt $38\,cm^3$.

2 a) Berechne zuerst das Volumen des großen Quaders (V_1) und ziehe davon das des ausgeschnittenen (V_2) ab:
$V_1 = 13\,cm \cdot 10\,cm \cdot 10\,cm = 1300\,cm^3$
$V_2 = 4\,cm \cdot 10\,cm \cdot 5\,cm = 200\,cm^3$
$V = V_1 - V_2 = 1300\,cm^3 - 200\,cm^3$
$= 1100\,cm^3$

b) Berechne zuerst das Volumen des großen Quaders (V_1) und ziehe davon die Volumina der ausgeschnittenen (V_2 und V_3) ab:
$V = V_1 - V_2 - V_3$
$= 9\,m \cdot 4\,m \cdot 12\,m - 3\,m \cdot 4\,m \cdot 5\,m$
$- 3\,m \cdot 4\,m \cdot 3\,m$
$= 432\,m^3 - 60\,m^3 - 36\,m^3 = 336\,m^3$

Klassenarbeit Nr. 5 — Seite 50 – 52

Falls nicht anders angegeben, gibt es für jede Teilaufgabe bzw. jeden Teilschritt einen Punkt.

1

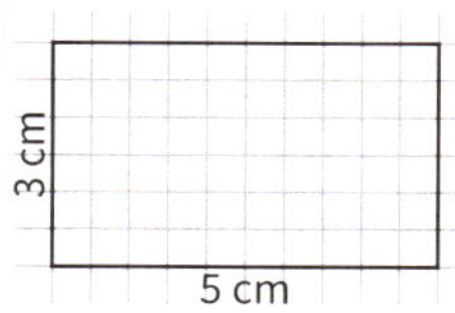

$15\,cm^2$

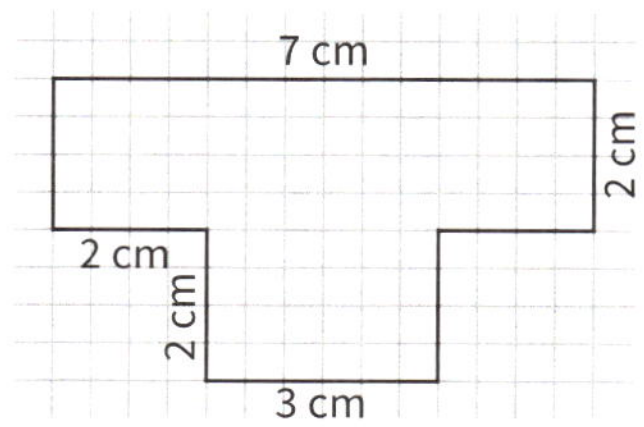

$20\,cm^2$

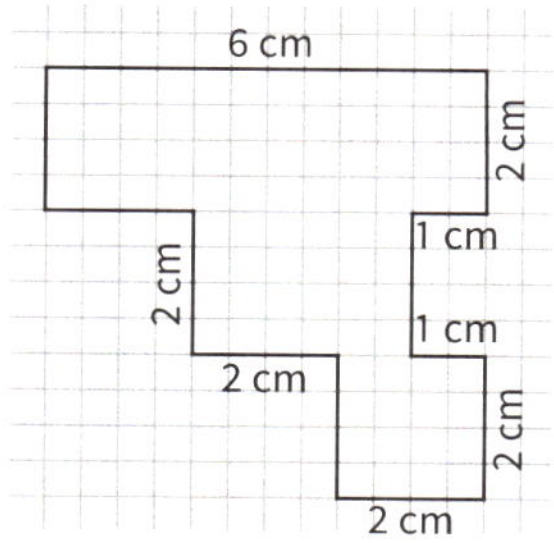

$22\,cm^2$

2 $A_1 = 5\,cm \cdot 3\,cm = 15\,cm^2$
$A_2 = 7\,cm \cdot 2\,cm + 3\,cm \cdot 2\,cm = 20\,cm^2$
$A_3 = 6\,cm \cdot 2\,cm + 3\,cm \cdot 2\,cm + 2\,cm \cdot 2\,cm$
$= 22\,cm^2$

3 Grafik siehe unten (je 2 P., wenn alles richtig ist, auch die gestrichelten Linien!)

4 a) Tipp: Wenn man die Angaben in dm umrechnet, sind die Zahlen mit denen man rechnen muss, kleiner.
$V_{Modell\,1} = 5\,dm \cdot 4\,dm \cdot 4\,dm$
$= 80\,dm^3$ (= 80 l)
$V_{Modell\,2} = 8\,dm \cdot 7\,dm \cdot 1{,}2\,dm$
$= 67{,}2\,dm^3$ (= 67,2 l)
Holzbedarf:
Boden + 2 · Vorderwand + 2 · Seitenwand
$Holzbedarf_{Modell\,1}$
$= 5\,dm \cdot 4\,dm + 2 \cdot (5\,dm \cdot 4\,dm)$
$+ 2 \cdot (4\,dm \cdot 4\,dm)$
$= 92\,dm^2$
$Holzbedarf_{Modell\,2}$
$= 8\,dm \cdot 7\,dm + 2 \cdot (8\,dm \cdot 1{,}2\,dm)$
$+ 2 \cdot (7\,dm \cdot 1{,}2\,dm)$
$= 92\,dm^2$ (3 P.)

b) Da beide Kisten die gleiche Menge Holz benötigen, das Modell 1 aber das größere Fassungsvermögen hat, sollte sich Tamara für Modell 1 entscheiden. (3 P.)

5 a) $12{,}5\,dm^3 = 12\,500\,cm^3$
b) $45\,000\,mm^3 = 0{,}045\,dm^3$
c) $360\,000\,cm^3 = 360\,l$
d) $2570\,l = 2{,}570\,m^3$ (je 0,5 P.)

Lösung zu Aufgabe 3, Klassenarbeit Nr. 5

a) Würfel

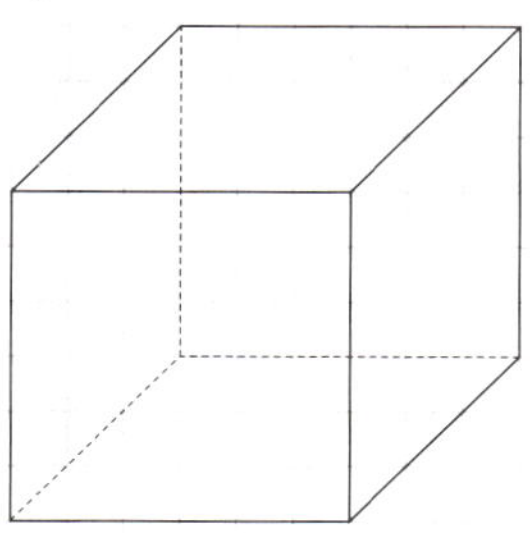

b) Quader

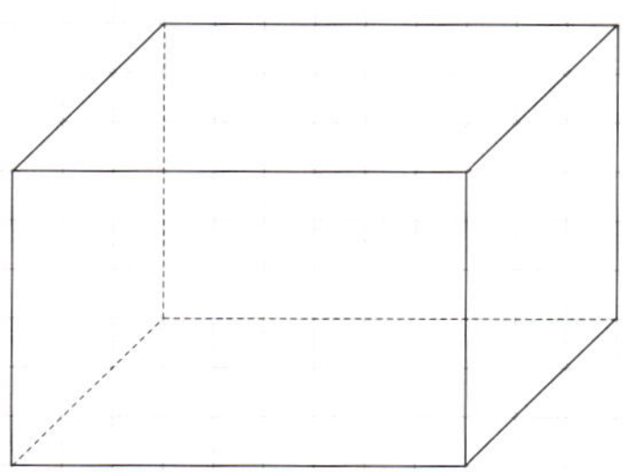

6 Teile den Körper wie folgt ein:

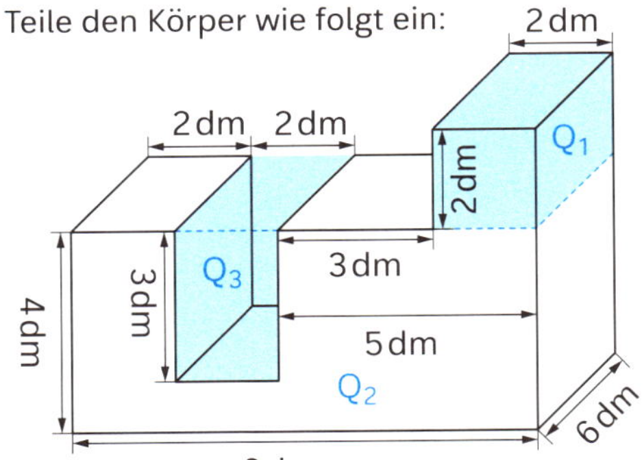

$V = Q_1 + Q_2 - Q_3$

$V = 2\,dm \cdot 6\,cm \cdot 2\,dm + 9\,dm \cdot 6\,dm \cdot 4\,dm$
$- (2\,dm \cdot 6\,dm \cdot 3\,dm)$
$= 24\,dm^3 + 216\,dm^3 - 36\,dm^3 = 204\,dm^3$

(Insgesamt 6 P. Ziehe pro Fehler 1 P. ab.)

7 Aus der Würfelfläche von $4\,cm^2$ folgt, dass die Kantenlänge der Würfel 2 cm beträgt ($2\,cm \cdot 2\,cm = 4\,cm^2$). Den gesamten Körper nennen wir Q_1; den quaderförmigen Ausschnitt in der Mitte Q_2 und die kleinen Würfel Q_3.

$V = Q_1 - Q_2 - 4 \cdot Q_3$

$V = 15\,cm \cdot 15\,cm \cdot 20\,cm - 6\,cm \cdot 15\,cm \cdot 6\,cm$
$- 4 \cdot (2\,cm \cdot 2\,cm \cdot 2\,cm)$
$= 4500\,cm^3 - 540\,cm^3 - 32\,cm^3$
$= 3928\,cm^3$

Gewicht $= 3928\,\cancel{cm^3} \cdot 2{,}7\,\frac{g}{\cancel{cm^3}} = 10\,605{,}6\,g$

Der Körper wiegt also etwas mehr als 10,6 kg.

(Insgesamt 6 P. Ziehe pro Fehler 1 P. ab)

30–26 Punkte	25–15 Punkte	14–0 Punkte
Super!	In Ordnung!	Bitte noch einmal üben!

Kapitel 6: Rechnen mit Dezimalbrüchen

Test 1: Umrechnen, vergleichen und runden — Seite 57

1 a) 2,445 < 2,454
b) 0,2100036 < 0,2100360
c) $0{,}8900 > \frac{89}{1000}$
d) $0{,}375 = \frac{3}{8}$

2 a) $0{,}48 = \frac{48}{100} = \frac{12}{25}$;
$1{,}346 = 1\frac{346}{1000} = 1\frac{173}{500}$;
$3{,}0025 = 3\frac{25}{10\,000} = 3\frac{1}{400}$;
$0{,}626\,000 = 0{,}626 = \frac{626}{1000} = \frac{313}{500}$

b) $\frac{4}{5} = 0{,}8$ $\quad \frac{3}{8} = 0{,}375$
$4\frac{12}{50} = 4\frac{24}{100} = 4{,}24$ $\quad 11\frac{7}{20} = 11\frac{35}{100} = 11{,}35$

3 a)
```
1 : 6 = 0,1 6̄
1 0
- 6
  4 0
- 3 6
  4 0
```
b)
```
4 : 9 = 0,4̄
4 0
- 3 6
    4
```
c)
```
2 : 7 = 0,285714 (Periode 285714)
2 0
- 1 4
    6 0
  - 5 6
      4 0
    - 3 5
      5 0
    - 4 9
      1 0
      - 7
        3 0
      - 2 8
          2
```

4 a) 0,33 und 0,37
b) 2,259 und 2,266
c) 0,16 und 0,36

5 a) 2,987 b) 2,99 c) 3,0 d) 2,9875

6 a) 4,2 und 4,3
b) 4 und 5
c) 4,232 und 4,234
d) 4,23299 und 4,23301

Test 2: Addieren und subtrahieren — Seite 58

1 a) 2,4 + 1,3 = 3,7
b) 5,6 + 2,8 = 8,4
c) 3,05 + 7,12 = 10,17
d) 0,203 + 1,440 = 1,643
e) 6,6 – 2,3 = 4,3
f) 1,68 – 0,55 = 1,13
g) 5,26 – 3,99 = 1,27
h) 25,12 – 23,105 = 2,015

2 a)
```
    7,4 6 0
+ 2 3,5 5 1
+   0,4 0 2
  1 1 1
  3 1,4 1 3
```
b)
```
  1 2 5,2 4 4
-   8 3,1 7 8
  1     1 1
    4 2,0 6 6
```
c)
```
    2,8 8 0
+ 1 2,0 6 7
        1
  1 4,9 4 7
```
```
  4 8,2 0 1
- 1 4,9 4 7
    1 1 1
  3 3,2 5 4
```

3 0,25 kg + 1 kg + 0,5 kg + 0,125 kg + 2,75 kg
= 4,625 kg = 4625 g

4 a)

```
  1 3 5 0, 0 0
        4 6, 3 0
      1 3 2, 7 0
+       8 3, 7 9
      2   1   1
  ------------
  1 6 1 2, 7 9
```

Es wurden insgesamt 1612,79 € abgebucht.

b)

```
  1 8 5 0, 0 0          2 4 0 8, 0 0
+     5 5 8, 0 0      – 1 6 1 2, 7 9
    1   1               1   1     1   1
  ------------        --------------
  2 4 0 8, 0 0            7 9 5, 2 1
```

Familie Yilmaz macht im Mai ein Plus von 795,21 €.

```
  2 2 8 5, 2 1
–     7 9 5, 2 1
    1   1
  ------------
  1 4 9 0, 0 0   Kontostand Anfang Mai
```

Test 3: Multiplizieren und dividieren

Seite 59

1

·	6	0,5	(260 : 2 = 130) ② 130	(168 : 14 = 12) ③ 1,2
0,8	(8 · 6 = 48) 4,8	(8 · 5 = 40) 0,4	(8 · 130 = 1040) 104	(8 · 12 = 96) 0,96
(84 : 6 = 14) ① 1,4	8,4	(14 · 5 = 70) 0,7	(14 · 13 = 182) 182	1,68
0,02	(2 · 6 = 12) 0,12	(2 · 5 = 10) 0,01	2,6	(2 · 12 = 24) 0,024

Hinweis: In den Klammern sind die Hilfestellungen fürs Kopfrechnen angegeben. Die Ziffern ① → ② → ③ geben dir an, in welcher Reihenfolge vorzugehen ist, um dann auch alles rechnen zu können!

2 a)

```
  0, 8 2 · 2, 7 5
  1 6 4
    5 7 4
      4 1 0
  1   1
  -----------
  2, 2 5 5 0  ≈ 2, 2 6
```

b)

```
  1 3, 9 0 8 · 0, 4 7
  5 5 6 3 2
    9 7 3 5 6
  1   1
  -------------
  6, 5 3 6 7 6  ≈ 6, 5 4
```

c)

```
          0, 0 9 5 · 0, 0 0 5 6 2
            4 7 5
              5 7 0
                1 9 0
            1   1
  ------------------
  0, 0 0 0 5 3 3 9 0  ≈ 0, 0 0 0 5 3
```

3 a)

```
  5, 4 4 8 : 1 2 = 0, 4 5 4
  5 4              ≈ 0, 4 5
– 4 8
    6 4
  – 6 0
      4 8
    – 4 8
        0
```

b) 2,7696 : 1,2 (Komma jeweils um eine Stelle nach rechts verschieben)

```
  2 7, 6 9 6 : 1 2 = 2, 3 0 8
– 2 4                ≈ 2, 3 1
    3 6
  – 3 6
      0 9 6
    –   9 6
          0
```

c) 0,707 : 0,11 (Komma jeweils um zwei Stellen nach rechts verschieben)

```
  7 0, 7 : 1 1 = 6, 4 2 7 2 7 … = 6, 4 2̅7̅
– 6 6                           ≈ 6, 4 3
    4 7
  – 4 4
      3 0
    – 2 2
        8 0
      – 7 7
          3 0 …
```

4 Fläche des Rechtecks: $A = l \cdot b$

a) $12{,}8\,\text{cm} \cdot 3{,}7\,\text{cm} = 47{,}36\,\text{cm}^2$

b) $7{,}4 \cdot 6{,}4 = 47{,}36\,\text{cm}^2$

Test 4: Aufgaben für Experten

Seite 60–61

1 a) (2,48 + 6,152) · (7,93 – 6,45) =

```
    2, 4 8              7, 9 3
+   6, 1 5 2          – 6, 4 5
      1                   1
  ----------          --------
    8, 6 3 2            1, 4 8
```

```
  8, 6 3 2 · 1, 4 8
      8 6 3 2
      3 4 5 2 8
          6 9 0 5 6
      1   1     1
  ----------------
    1 2, 7 7 5 3 6
```

2 a)
```
  1 : 9 = 0,1 1 ... = 0,1̅
  1 0
−   9
    1 0 ...
```
$1 : 9 = 0{,}11\ldots = 0{,}\overline{1}$

```
  4 : 9 = 0,4 4 ... = 0,4̅
  4 0
− 3 6
    4 0 ...
```
$4 : 9 = 0{,}44\ldots = 0{,}\overline{4}$

```
  7 : 9 = 0,7 7 ... = 0,7̅
  7 0
− 6 3
    7 0 ...
```
$7 : 9 = 0{,}77\ldots = 0{,}\overline{7}$

```
  1 : 9 9 = 0,0 1 0 1 ... = 0,01̅
  1 0 0
−   9 9
    1 0 0 ...
```
$1 : 99 = 0{,}0101\ldots = 0{,}\overline{01}$

```
  5 : 9 9 = 0,0 5 0 5 ... = 0,05̅
  5 0 0
− 4 9 5
      5 0 0
```
$5 : 99 = 0{,}0505\ldots = 0{,}\overline{05}$

```
  4 3 : 9 9 = 0,4 3 4 3 ... = 0,43̅
  4 3 0
− 3 9 6
    3 4 0
  − 2 9 7
      4 3 0 ...
```
$43 : 99 = 0{,}4343\ldots = 0{,}\overline{43}$

b) Echte Brüche mit dem Nenner 9 bzw. 99 führen auf periodische Dezimalbrüche, deren Periode aus dem Zähler des Bruches gebildet wird.

c) $0{,}\overline{5} = \frac{5}{9}$; $0{,}\overline{13} = \frac{13}{99}$; $0{,}\overline{35} = \frac{35}{99}$; $0{,}\overline{8} = \frac{8}{9}$; $0{,}\overline{98} = \frac{98}{99}$

3 a) 28000 : 100 = 280;

Gesamtverbrauch:
```
2 8 0 · 6,9 l
  1 6 8 0
    2 5 2 0
      1
  1 9 3 2,0 l
```

Gesamtpreis:
```
1 9 3 2 l · 1,4 9 €/l
      1 9 3 2
        7 7 2 8
          1 7 3 8 8
      1 1   1
      2 8 7 8,6 8
```

Hr. Meyer müsste 2878,68 € für Benzin bezahlen.

b) Verbrauch 1:
```
1 4 2 · 6,9 l
    8 5 2
    1 2 7 8
    9 7 9,8 l
```
```
  2 8 0 0 0
− 1 4 2 0 0
    1
  1 3 8 0 0
```

Kosten 1:
```
9 7 9,8 l · 1,4 9 €/l
      9 7 9 8
        3 9 1 9 2
          8 8 1 8 2
  1 1 1 1 1
  1 4 5 9,9 0 2 €
```

Verbrauch 2:
```
1 3 8 · 6,9 l
    8 2 8
    1 2 4 2
      1
    9 5 2,2 l
```

Kosten 2:
```
9 5 2,2 l · 1,5 5 €/l
      9 5 2 2
        4 7 6 1 0
          4 7 6 1 0
  1 1 1
  1 4 7 5,9 1 €
```

Gesamtkosten:
```
  1 4 5 9,9 0 2
+ 1 4 7 5,9 1
    1 1 1
  2 9 3 5,8 1 2 € ≈ 2 9 3 5,8 1 €
```

Mehrkosten:
```
  2 9 3 5,8 1
− 2 8 7 8,6 8
    1 1   1
      5 7,1 3
```

Hr. Meyer müsste 57,13 € mehr bezahlen als kalkuliert.

4 a) Dividiert man beispielsweise durch 5 kann es höchstens 4 (1, 2, 3, 4) verschiedene Reste geben, bei einer Division durch 7 entsprechend nur 6. Allgemein gilt also: Bei der Division a : b können höchstens b − 1 verschiedene Divisionsreste auftreten, sodass sich spätestens nach b − 1 Schritten eine Wiederholung einstellen muss. Daher kann sich die Periode, falls sie schon mit der ersten Dezimale einsetzt, höchstens über b − 1 Dezimalstellen erstrecken.

b) Nein! – Diese unendliche Dezimalzahl ist zwar regelmäßig, aber dennoch nicht periodisch. Deshalb kann sie auch nicht das Ergebnis einer Bruchumwandlung sein.

Klassenarbeit Nr. 6 — Seite 62–64

Falls nicht anders angegeben, gibt es für jede Teilaufgabe bzw. jeden Teilschritt einen Punkt.

1 a) $4{,}5269 < 4{,}5271$ b) $0{,}59 > \frac{27}{50}$

c) $\frac{2}{3} = 0{,}\overline{6}$ d) $5{,}7676 < 5\frac{76}{99}$

(je 0,5 P.)

2 a) $0{,}12 = \frac{12}{100} = \frac{3}{25}$; $1{,}725 = 1\frac{725}{1000} = 1\frac{29}{40}$; $0{,}\overline{67} = \frac{67}{99}$

b) $\frac{13}{25} = \frac{52}{100} = 0{,}52$; $\frac{81}{300} = \frac{27}{100} = 0{,}27$; $\frac{13}{8} = 1\frac{5}{8} = 1\frac{625}{1000} = 1{,}625$

3 a) x = 1,28   b) x = 9,84   c) x = 0,052

4 a)

```
3 7 · 2, 5 4        4 0 · 2, 5 4
    7 4                 8 0
    1 8 5               2 0 0
      1 4 8                 1 6 0
    9 3, 9 8 c m      1 0 1, 6    c m

4 6 · 2, 5 4
    9 2
    2 3 0
      1 8 4
  1 1 6, 8 4 c m
```

b) 93,98 cm ≈ 94 cm
101,6 cm ≈ 102 cm
116,84 cm ≈ 117 cm
Die Angaben sind also korrekt.
(a) und b) je 0,5 P.)

5

```
   7 8, 5 : 2 5 = 3, 1 4
 - 7 5
     3 5
   - 2 5
     1 0 0
   - 1 0 0
         0

   6 2, 8 : 2 0 = 3, 1 4
 - 6 0
     2 8
   - 2 0
       8 0
     - 8 0
         0

   4 7, 1 : 1 5 = 3, 1 4
 - 4 5
     2 1
   - 1 5
       6 0
     - 6 0
         0
```

Pascal hat tatsächlich etwas „Besonderes" herausgefunden, das aber nicht nur sein Geschirr betrifft: Teilt man den Umfang eines Kreises durch seinen Durchmesser, erhält man immer die gleiche Zahl, ungefähr 3,14. Diese sogenannte „Kreiszahl" kennt man seit Jahrtausenden, sie heißt Pi (π). Man hat bewiesen, dass es sich um eine Dezimalzahl handelt, die nie abbricht und nicht periodisch ist. Dank modernster Computertechnik kennt man schon 5 Billionen (5 000 000 000 000) Dezimalen.

6 a) Da die beiden Wohnungen unterschiedlich groß sind, muss man den Mietpreis (WM) pro m² ausrechnen. (1 P.)

b) Wohnung 1:
440 € + 80 € = 520 € (1 P.)

```
   5 2 0 : 6 2 = 8, 3 8 7 ...
 - 4 9 6
     2 4 0
   - 1 8 6
       5 4 0
     - 4 9 6
         4 4 0
       - 4 3 4
             6
```

(1 P.)

Wohnung 2:

```
   6 9 0 : 8 4 = 8, 2 1 4 ...
 - 6 7 2
     1 8 0
   - 1 6 8
       1 2 0
     -   8 4
         3 6 0
       - 3 3 6
           2 4
```

(1 P.)

Die zweite Wohnung kostet ca. 8,21 €/m² und ist damit etwas günstiger als die erste (ca. 8,39 €/m²) (1 P.)

7 a) Eintritt: $34 \cdot 5{,}7 = 193{,}8$
193,8 € + 2 · 7,5 € = 208,80 € (1 P.)
Fahrt: Da insgesamt 36 Personen fahren, muss Hr. Fischer 8 Gruppenkarten kaufen.
8 · 39 = 312 €. (1 P.)
Der Bus ist also etwas billiger! (1 P.)
Gesamtkosten:
208,80 € + 300 € = 508,80 €. (1 P.)
Preis pro Schüler: 508,80 : 34 ≈ 14,96 (1 P.)
Jeder Schüler muss 14,96 € bezahlen.

b) Da ein Schüler fehlt, sind es noch 35 Personen, es reichen also 7 Gruppenkarten. (1 P.)
7 · 39 = 273 €. (1 P.)
In diesem Fall würde es sich lohnen, den Zug zu nehmen, vorausgesetzt Hr. Fischer kann den Bus ohne Stornogebühr abbestellen. (1 P.)

30–26 Punkte Super!	25–15 Punkte In Ordnung!	14–0 Punkte Bitte noch einmal üben!

Kapitel 7: Daten und Zufall

Test 1: Daten erfassen — Seite 70

1 a) Eine solche Liste nennt man eine Strichliste. Wandelt man die Anzahl der Striche in Zahlenwerte um, nennt man diese absolute Häufigkeiten und die entsprechende Tabelle eine Liste der absoluten Häufigkeiten.

b)

6 a	Fußb.	Tennis	Leicht.	Handb.	Summe
H	7	4	6	6	23

6 b	Fußb.	Tennis	Leicht.	Handb.	Summe
H	5	2	9	6	22

2 Felix bezieht sich mit seiner Aussage darauf, dass in beiden Klassen 6 Schülerinnen und Schüler Handball als Lieblingssportart angegeben haben. Jessica dagegen hat die beiden *relativen Häufigkeiten* verglichen. In der 6 a sind es $\frac{6}{23}$ und in der 6 b $\frac{6}{22}$, die Handball genannt haben. Da von zwei Brüchen mit dem gleichen Zähler derjenige größer ist, der den *kleineren* Nenner hat, hat sie Recht, der Anteil der Handball-Liebhaber ist in ihrer Klasse größer.

3

a)	Fußb.	Tennis	Leicht.	Handb.	Summe
6 a	$\frac{7}{23}$ ≈ 30,4 %	$\frac{4}{23}$ ≈ 17,4 %	$\frac{6}{23}$ ≈ 26,1 %	$\frac{6}{23}$ ≈ 26,1 %	$\frac{23}{23}$ ≙ 100 %
6 b	$\frac{5}{22}$ ≈ 22,7 %	$\frac{2}{22}$ ≈ 9,1 %	$\frac{9}{22}$ ≈ 40,9 %	$\frac{6}{22}$ ≈ 27,3 %	$\frac{22}{22}$ ≙ 100 %

Test 2: Daten darstellen **Seite 71**

1 Grafik siehe unten.

2

Fach	D	E	M	Sp	Bio	S.
H	5	3	4	7	6	25
h (in %)	$\frac{5}{25}$ = 20 %	$\frac{3}{25}$ = 12 %	$\frac{4}{25}$ = 16 %	$\frac{7}{25}$ = 28 %	$\frac{6}{25}$ = 24 %	$\frac{25}{25}$ = 100 %

b)

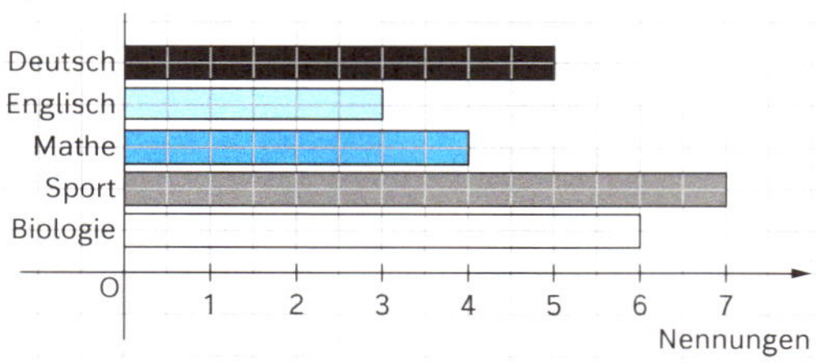

c) Deutsch: 72° ⇒ Anteil: $\frac{72}{360} = \frac{1}{5} = 20\,\%$; stimmt.
Englisch: 50° ⇒ Anteil: $\frac{50}{360} = \frac{5}{36} =$ ungefähr 14 % stimmt nicht! Das Diagramm passt nicht zu der Umfrage!

Test 3: Daten vergleichen **Seite 72**

1 a) $\bar{x} = \frac{80 + 77 + 74 + 38 + 39 + 24}{6} = \frac{166}{3} = 55\frac{1}{3}$ geschosseneTore

$\bar{x} = \frac{25 + 22 + 44 + 64 + 75 + 54}{6}$

$= \frac{142}{3} = 47\frac{1}{3}$ erhaltene Tore

b) Spannweite = 81 − 23 = 58

c) Um den Median zu bestimmen, muss die Liste zunächst in eine Rangordnung gebracht werden:
22; 25; 44; 54; 64; 75

Median = $\frac{44 + 54}{2} = 49$

(gerade Anzahl Werte in der Liste)

2 a) Zunächst müssen beide Listen sortiert werden:

35	37	39	41	42	42	48	51	52	62

37	39	40	46	47	50	51	55	58	

$\text{Median}_1 = \frac{x_5 + x_6}{2} = \frac{42 + 42}{2} = 42$;

$\text{Median}_2 = 47$;

$\bar{x}_1 = \frac{35 + 37 + 39 + 41 + 42 + 42 + 48 + 51 + 52 + 62}{10}$

$= 44{,}9$;

$\bar{x}_2 = \frac{37 + 39 + 40 + 46 + 47 + 50 + 51 + 55 + 58}{9}$

$= 47$

$\text{Modalwert}_1 = 42$; Modalwert_2:
Da jeder Wert nur einmal vorkommt, gibt es keinen Modalwert (bzw. jeder Wert könnte Modalwert sein).

Lösung zu Aufgabe 1, Test 2

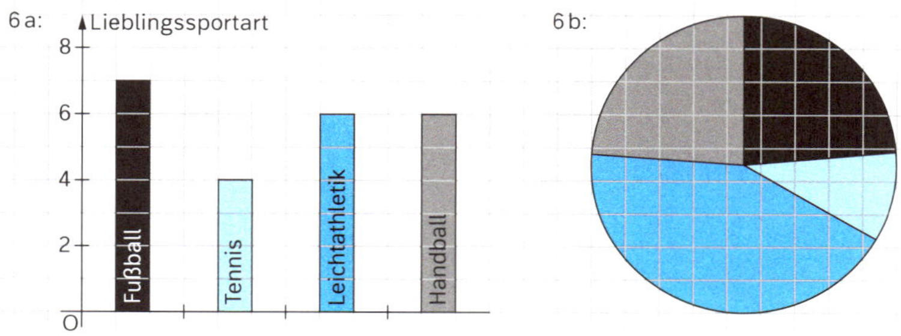

b) Wenn ein weiterer Wert zur Reihe 2 dazu kommt, hat sie auch 10 Elemente und der Median wäre der Mittelwert aus dem 5. und 6. Wert. Momentan steht der Wert 47 an Position 5. Der gesuchte neue Wert kann also nur 49 sein, der dann an Position 6 stehen würde und zusammen mit 47 an der Position 5 den Mittelwert 48 ergeben würde. Zur Verdeutlichung:

37	39	40	46	47	49	50	51	55	58

3 a) Da die Summe 48 ist, fehlen noch 6 Mitarbeiter, also muss der fehlende Eintrag bei 4 Fehltagen „6“ sein.

b) Da jede Anzahl Fehltage mehr als einmal genannt wurde, musst du rechnen:
$\bar{x} = \frac{14 \cdot 0 + 8 \cdot 1 + 9 \cdot 2 + 6 \cdot 4 + 6 \cdot 5 + 5 \cdot 8}{48} = 2{,}5$
Dieser Wert bedeutet, dass ein Arbeiter im Durchschnitt 2,5 Tage krank war.

c) 48 ist eine gerade Zahl, daher gilt: der Median $= \frac{\text{Wert 24} + \text{Wert 25}}{2} = \frac{2+2}{2} = 2$
Tipp: Hier muss man sich alle Fehltage nacheinander in einer Rangliste aufgeschrieben vorstellen, also 0; 0; 0; ... 1; 1; ... 2; 2; ...)

Test 4: Zufallsexperiment, Wahrscheinlichkeit — Seite 73

1 a) ☐ Wählen einer Telefonnummer

b) ☒ Ziehen eines Gewinnloses am Schulfest

c) ☒ Würfeln eines Pasches ...

d) ☐ Das Wetter an deinem Geburtstag

e) ☒ das Öffnen deines Fahrradschlosses, ...

2 a) Zahl oder Wappen

b) 1; 2; 3; 4; 5; 6; 8; 9; 10; 12; 15; 16; 18; 20; 24; 25; 30; 36

c) 2, 4, 6, 8, 10

3 ☒ Werfen eines fairen Würfels

☒ Kugel aus einer Urne ziehen

(Das Ziehen von Kugeln ist jedoch nur dann ein Laplace-Experiment, wenn es sich um gleichartige Kugeln handelt.) Beim **gezinkten** Würfel und beim Reißzwecken-Werfen sind die Chancen für die Ergebnisse nicht gleich, was aber wesentliche Voraussetzung für ein Laplace-Experiment ist.

4 Möglich sind jeweils die sechs Augenzahlen 1, 2, ... 6. $S = \{1; 2; 3; 4; 5; 6\}$

a) $A = \{2\} \Rightarrow p(A) = \frac{1}{6}$

b) $B = \{5\} \Rightarrow p(B) = \frac{1}{6}$

c) $C = \{1; 3; 5\} \Rightarrow p(C) = \frac{3}{6} = \frac{1}{2}$

d) $D = \{3; 4; 5; 6\} \Rightarrow p(D) = \frac{4}{6} = \frac{2}{3}$

e) $E = \{\ \} \Rightarrow p(E) = \frac{0}{6} = 0$

5 a) Alle Zahlenfelder bestehen aus gleich breiten Kreissektoren. Deshalb sind die Chancen für alle Zahlen gleich. Chancengleichheit ist die wesentliche Voraussetzung für ein Laplace-Experiment.

b) Möglich sind jeweils die acht Gewinnzahlen 1, 2, ..., 8.
$A = \{6; 7; 8\} \Rightarrow p(A) = \frac{3}{8}$
$B = \{1; 2; 3; 4; 5\} \Rightarrow p(B) = \frac{5}{8}$
$C = \{2; 3; 5; 7\} \Rightarrow p(C) = \frac{4}{8} = \frac{1}{2}$

Klassenarbeit Nr. 7 — Seite 74 – 77

Falls nicht anders angegeben, gibt es für jede Teilaufgabe bzw. jeden Teilschritt einen Punkt.

1 a) Eine solche Liste heißt Strichliste. (0,5 P.)

b)

	Pkw	Lkw	M	F	S
Absolute Häufigkeit	83	12	23	36	10

(je 0,5 P.)

c) (2 P.)

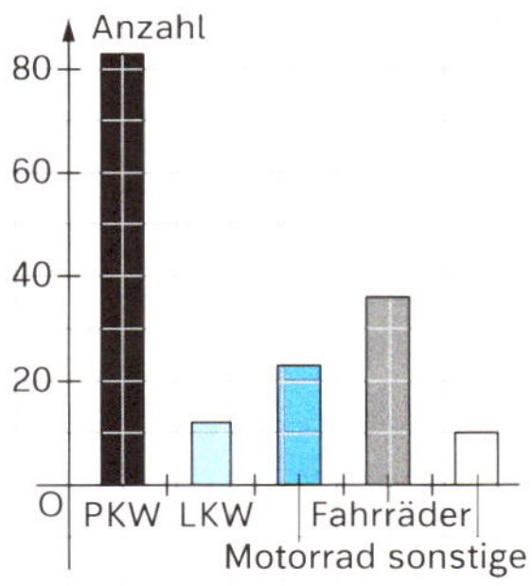

2

a) Insgesamt wurden
$12{,}5 \cdot 20 + 10 \cdot 20 + 14 \cdot 20 + 7{,}5 \cdot 20 = 680$
Schülerinnen und Schüler befragt. (2 P.)

b)

Eis essen	Schwimmbad	Spiel und Spaß	Sport
250	200	280	150
$\frac{250}{680} = \frac{25}{68}$	$\frac{200}{680} = \frac{5}{17}$	$\frac{280}{680} = \frac{7}{17}$	$\frac{150}{680} = \frac{15}{68}$

(je 1 P.)

3 a) Frau Basler erhält
12 000 – 2470 – 1160 – 5290 = 3080 Stimmen. Damit erhält niemand die absolute Mehrheit der Stimmen und es kommt zu einer Stichwahl zwischen Herr Steiner und Frau Basler. (2 P.)

b) (je 0,5 P.)

Hr. Maier	Fr. Contento	Hr. Steiner	Fr. Basler
$\frac{2470}{12\,000}$ ≈ 21 %	$\frac{1160}{12\,000}$ ≈ 10 %	$\frac{5290}{12\,000}$ ≈ 44 %	$\frac{3080}{12\,000}$ ≈ 26 %

c)

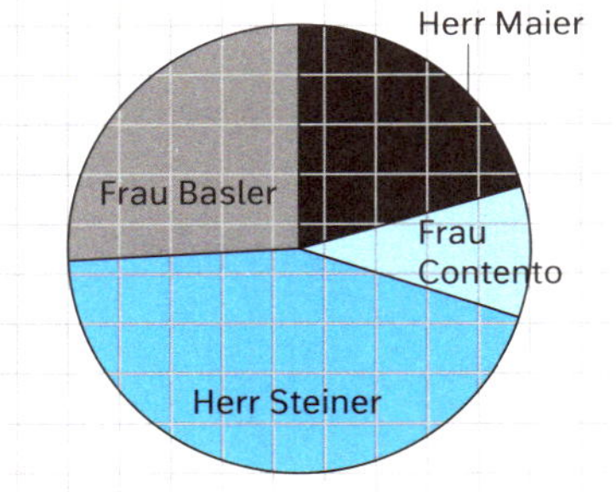

(2 P.)

4 a) $\bar{x}$
$= \frac{(3{,}68 + 4{,}02 + 3{,}97 + 4{,}15 + 3{,}68 + 4{,}08 + 3{,}98)\,m}{7}$
$= 3{,}94\,m$.
Die durchschnittliche Sprungweite lag bei 3,94 m.

b) Spannweite = 4,15 m – 3,68 m = 0,47 m.
Die Spannweite betrug 47 cm.

c) Zunächst muss eine Rangliste erstellt werden:
3,68 m; 3,68 m; 3,97 m; 3,98 m; 4,02 m; 4,08 m; 4,15 m.
Der Median (oder Zentralwert) ist der Wert 3,98 m. Der Modalwert (häufigster Wert) ist 3,68 m.
(Insgesamt 5 P. Ziehe pro Fehler 1 P. ab.)

5 a) $\bar{x} = \frac{5 \cdot 1 + 10 \cdot 2 + 8 \cdot 3 + 4 \cdot 4 + 5}{28}$
$= \frac{70}{28} = 2{,}5$

b) Ausgeschrieben hätte die Liste 28 Werte (gerade Anzahl), der Zentralwert ist also das arithmetische Mittel des 14. und 15. Wertes. Es gilt also:
Zentralwert $= \frac{2 + 2}{2} = 2$.

c) Damit sich der Durchschnitt von 2,5 bei zwei zusätzlichen, also dann 30 Schülern nicht ändert, müssen ihre beiden Noten zusammen 5 ergeben, denn $\frac{75}{30} = 2{,}5$.
Sie könnten also ein 1 und eine 4 oder eine 2 und eine 3 geschrieben haben.

d) Da bei beiden Kombinationen aus c) jeweils eine Note vor und eine nach dem ursprünglichen Median (Zentralwert) liegt, ändert sich dieser nicht.
(Insgesamt 5 P. Ziehe pro Fehler 1 P. ab.)

6 a) (1) 2; 4; 6 (2) 2; 3; 5
(3) 5; 6 (4) 1; 2; 3; 4; 6

b) $p(1) = \frac{3}{6} = \frac{1}{2}$; $p(2) = \frac{3}{6} = \frac{1}{2}$;
$p(3) = \frac{2}{6} = \frac{1}{3}$; $p(4) = \frac{5}{6}$

7 a) Damit es sich um ein Laplace-Experiment handelt, müssen alle Sektoren gleich groß sein, also 360° : 6 = 60°.
Jeder Sektor muss einen Winkel von 60° haben.

b) $p(A) = \frac{1}{6}$

c) Primzahlen sind 2, 3 und 5.
Somit gilt $p(B) = \frac{3}{6} = \frac{1}{2}$.

8 Das Alphabet hat 26 Buchstaben. Weil von den 26 Kugeln bereits 3 Kugeln gezogen wurden, sind noch 23 Kugeln (Buchstaben) möglich.

a) Günstig ist ein Buchstabe von 23, nämlich das T ⇒ $p(T) = \frac{1}{23}$.

b) Das Alphabet enthält 26 Buchstaben; 5 Vokale und 21 Konsonanten, von den bereits zwei, nämlich die Konsonanten F und S gezogen wurden. Günstig sind daher die 21 – 2 = 19 verbleibenden Konsonanten ⇒ $p = \frac{19}{23}$.

c) Notiere die Vorgänger und Nachfolger: E-**F**-G , D-**E**-F und R-**S**-T.
Weil der Nachfolger von E und der Vorgänger von F schon gezogen wurden, verbleiben vier günstige Buchstaben, nämlich D, G, R und T ⇒ $p = \frac{4}{23}$.
(je Teilaufgabe 2 P.)

9 a) $p = \frac{1}{12}$ b) $p = \frac{1}{365}$

34 – 30 Punkte	29 – 17 Punkte	16 – 0 Punkte
Super!	In Ordnung!	Bitte noch einmal üben!

Kapitel 8: Terme und Gleichungen

Test 1: Terme mit Variablen — Seite 80

1 a) Term b) Term c) Gleichung
d) Term e) Gleichung f) Gleichung

2 5,5 a: Dreieck
8x + 12: Parallelogramm
2a + 2b: Rechteck

3 a) 10 : 5 b) $2 \cdot x$
c) x + 3 d) $8 - \frac{1}{2}x$

4 a) 3x + 5
b) 5x – 12
c) $2x + \frac{1}{3}x$

Test 2: Terme aufstellen und berechnen

Seite 81

1

x	2x – 3	6 + 8x	2x + 6 – x	(6x + 2)/2
2	1	22	8	7
3	3	30	9	10
5	7	46	11	16
6	9	54	12	19

2 a) $u = a + 1{,}5 + 0{,}8\,a + a + a + 4 + 2a - 3 = 5{,}8a + 2{,}5$
b) 60,5

3 a) $8x$ b) $4a + 4b$
c) $3x + 17$ d) $4y - 20{,}7$

4 a) Dreieck: $A = 0{,}5 \cdot (3a - 0{,}5) \cdot 2a = 3a^2 - 0{,}5a$
$u = 3a - 0{,}5 + 2a + 2b = 5a + 2b - 0{,}5$
Sechseck: $A = 2d \cdot d + (2d - c) \cdot c = 2d^2 + 2dc - c^2$
$u = 2d + d + c + c + 2d - c + 4c = 5d + 5c$
b) Dreieck: $A = 6\text{ cm}^2$; $u = 12$ cm
Sechseck: $A = 575\text{ m}^2$; $u = 100$ m

Test 3: Gleichungen

Seite 82

1 a) $x = 7$ b) $x = 4$ c) $x = 8$
d) $x = 5$ e) $y = 8$ f) $z = 7$

2 a) $2 \cdot 6 + 21 = 33$ wahr
b) $8 \cdot 2{,}5 - 8 = 12$ falsch
c) $47 - 3 \cdot 7 = 26$ falsch
d) $7 \cdot (9 - 4) + 12 = 47$ wahr

3 a) $x = 3$ b) $x = 14$ c) $x = 6$ d) $x = 8$

4 a) $2x + 6 = 8$, $x = 1$
b) $12 - 2x = 8$; $x = 2$
c) $(x - 6) \cdot 5 = 3x$; $x = 15$

Klassenarbeit Nr. 8

Seite 83–84

Falls nicht anders angegeben, gibt es für jede Teilaufgabe bzw. jeden Teilschritt einen Punkt.

1 a) $5a + 7$ b) $13x + 4$
c) $2x - 3y$ d) $x + 1$

2 a) $14x$ b) $7a + 2{,}5b$
c) $2a + 2b$ d) $24x + 6y$

3 Dreieck:
$u = 2a + b - 0{,}5$ cm (1 P.)
Sechseck:
$u = 4a + 10$ dm $+ 2b$ (1 P.)
a) Dreieck: $u = 11{,}1$ cm (1 P.)
b) Sechseck: $u = 33$ dm (1 P.)

4 a) $x = 7$ b) $x = 19$ c) $x = 6$
d) $x = 7$ e) $x = 46$ f) $x = 8$

5 a) $x = 3$ b) $x = 5$
c) $x = 12$ d) $x = 10$ (je 2 P.)

6 a) $2x + 7 = 19$; $x = 6$
b) $4x + 3 = 31$; $x = 7$
c) $20 - \frac{x}{2} = 13$; $x = 14$ (je 2 P.)

34–30 Punkte Super! | 29–17 Punkte In Ordnung! | 16–0 Punkte Bitte noch einmal üben!

Kapitel 9: Proportionale Zuordnungen

Test 1: Zuordnungen

Seite 89–90

1 Die Zuordnung $x \mapsto y$ beschreibt, wie sich die Größe y in Abhängigkeit von der Größe x verändert. x und y sind direkt proportional zueinander. Wenn man x verdreifacht, dann muss sich auch y verdreifachen. Die Angabe (3|5) ist ein geordnetes Zahlenpaar. Verschiedene Angaben dieser Art können in einer Zuordnungstabelle zusammengefasst werden. Die grafische Darstellung einer Zuordnung erfolgt in einem Achsenkreuz. Es besteht aus zwei Zahlenstrahlen, die senkrecht zueinander liegen.

2 a) (6|16) b) (15|40) c) (9|24) d) (7,5|20)
zu a): Aus den x-Werten von (3|8) und (6|?) berechnest du mit $3 \cdot 2 = 6$ den Vervielfacher 2. Damit lässt sich der gesuchte y-Wert errechnen: $8 \cdot 2 = 16$.

3 a) A(1|2); B(3|4); C(6|7) Wenn du von Punkt A aus eine senkrechte Linie zeichnest, so schneidet sie die x-Achse bei 1. Ebenso schneidet eine waagerechte Linie durch A die y-Achse bei 2.
b) Mögliche Lösungen sind z. B.: D(0|1); E(2|3)
c) Nein! Eine Halbgerade, die einen proportionalen Zusammenhang zwischen x und y darstellt, müsste im Ursprung (0|0) beginnen.

4 a) Ja, es handelt sich um eine Zuordnung. Dem Datum wird ein Pegelstand zu-geordnet, kurz Datum ↦ Pegelstand.
b) Hier (um 12 Uhr des 7. Mai) war der Wasserstand am höchsten, das heißt der Rhein hatte zu dieser Zeit die größte Wassertiefe.
c) 7. Mai ↦ 3,50 m 9. Mai ↦ 3,40 m
10. Mai, 12.00 h ↦ 3,20 m

Test 2: Proportionalität (1) Seite 91

1 a) p b) x c) p
d) p e) x
zu b): Eine verdoppelte Seitenlänge führt auf den vierfachen Flächeninhalt,
z. B. $3\,m \cdot 3\,m = 9\,m^2$ und
$6\,m \cdot 6\,m = 36\,m^2$ mit $6\,m = 2 \cdot 3\,m$,
aber $36\,m^2 = 4 \cdot 9\,m^2$.
Zu d): Wenn du kürzt, z. B. $\frac{3}{6} = \frac{1}{2}$, dann änderst du dadurch nicht den Wert des Bruches. Beide Brüche, $\frac{3}{6}$ und $\frac{1}{2}$, sind also quotientengleich.

2 a)
:4 (4 ≙ 28) :4
1 ≙ 7
·9 (9 ≙ 63) ·9

b)
:7,5 (7,5 ≙ 45) :7,5
1 ≙ 6
·5,5 (5,5 ≙ 33) ·5,5

c)
:3 (36 ≙ 120) :3
12 ≙ 40
·11 (132 ≙ 440) ·11

3 a) 12 R. ≙ 14,40 €
1. R. ≙ 14,40 € : 12 = 1,20 €
18 R. ≙ 1,20 € · 18 = 21,60 €
b) 66 km ≙ 2 h 12 min = 132 min
1 km ≙ 132 min : 66 = 2 min
80 km ≙ 2 min · 80 = 160 min = 2 h 40 min
2 h 40 min > 2 h 30 min
⇒ Anke sollte noch trainieren!

4 a)

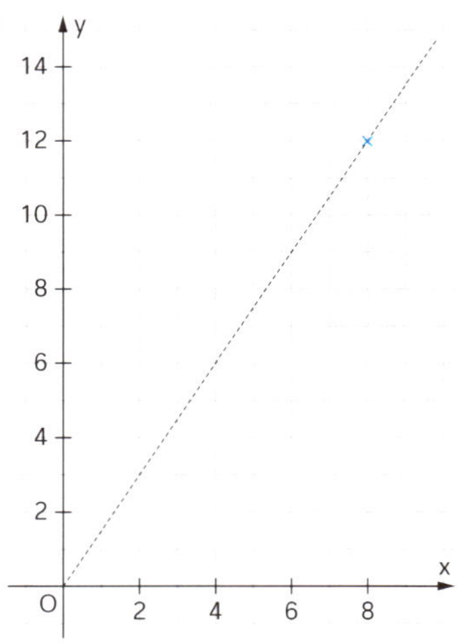

b) (20 | 24) ☐ (28 | 44) ☐
(22 | 33) ☒ (15 | 22,5) ☒

Zu b): Man berechnet zunächst den Quotienten $\frac{12}{8} = \frac{3}{2}$ und prüft dann, welche Zahlenpaare quotientengleich sind.
$\frac{24}{20} = \frac{6}{5}$; $\frac{44}{28} = \frac{11}{7}$; $\frac{33}{22} = \frac{3}{2}$;
$\frac{22,5}{15} = \frac{225}{150} = \frac{3}{2}$ (gekürzt mit 75)

Test 3: Proportionalität (2) Seite 92

1 a)

x	1	2	4	5
y	1,5	3	6	7,5
$\frac{y}{x}$	1,5	1,5	1,5	1,5

2 a) Flächeninhalt $A = 2{,}5\,m \cdot 4{,}8\,m = 12\,m^2$.
Die Zuordnung ist direkt proportional (je mehr Fläche, desto mehr Farbe).
$5\,m^2 \triangleq 0{,}5\,l$; $1\,m^2 \triangleq 0{,}1\,l$; $12\,m^2 \triangleq 1{,}2\,l$
Mona muss 3 Dosen (1,5 l) kaufen.

3 a) Vorüberlegung: *Je mehr* Teilnehmer mitfahren, *desto mehr* Getränke werden benötigt; also: direkte Proportionalität.
8 P. ≙ 20 l
1 P. ≙ 2,5 l
10 P. ≙ 25 l
Sie muss 25 Liter Getränke bereitstellen
b) Die Fahrtzeit hängt nicht von der Zahl der Teilnehmer ab (sondern von Fahrweise und Verkehrsverhältnissen).
Die Abfahrtszeit ändert sich nicht.

4 a) Man kann dem Zahlenpaar (1 | 1,5) den Graphen einer proportionalen Zuordnung zeichnen und prüfen, ob die anderen „Punkte" auch drauf liegen. Man sieht dann, dass das Zahlenpaar (0,75 | 1,2) nicht passt, es handelt sich also nicht um eine proportionale Zuordnung.
Alternative: die drei Quotienten $\frac{1,2}{0,75}$; $\frac{1,5}{1}$ und $\frac{3}{2}$ berechnen und vergleichen.
b) Mit dem Dreisatz ergeben sich folgende Preise: 0,75 l müssen 1,20 € kosten, 2 l 3,20 €.

Test 4: Aufgaben für Experten

Seite 93–94

1 a)

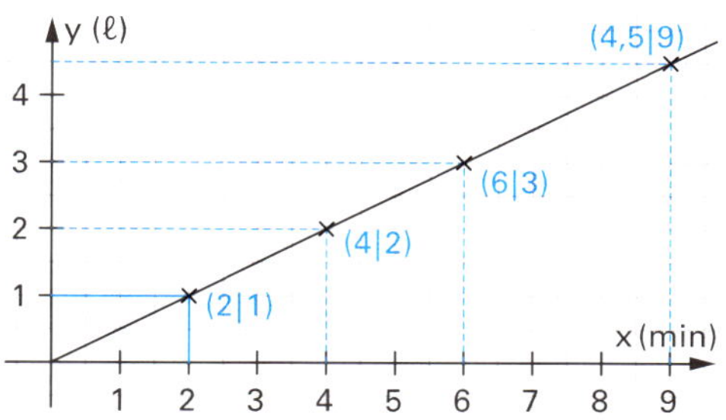

b)

x	1	3	2	6	4	9
y	0,5	1,5	1	3	2	4,5

$\frac{y}{x} = 0{,}5$

c) Zulauf: 1 l in 2 min ≙ 3 l in 6 min;
Ablauf: 0,5 l in 3 min ≙ 1 l in 6 min
Zulauf – Ablauf: 2 l in 6 min
2 l ≙ 6 min
1 l ≙ 6 min : 2 = 3 min
13 l ≙ 3 min · 13 = 39 min
Das Waschbecken läuft nach 39 Minuten über.

2 Da sich die Wasserstandshöhe im Gefäß zunächst langsamer, dann schneller und am Schluss wieder langsamer ändert, muss das Gefäß zunächst einen größeren Durchmesser haben, dann schlanker werden und am Schluss wieder einen größeren Durchmesser haben. Es könnte etwa so aussehen:

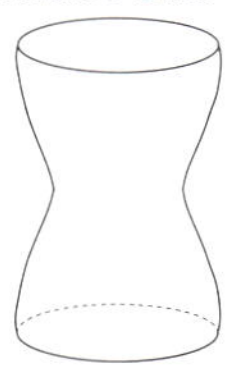

3 a) $\frac{3}{4} \mathrel{\hat{=}} \frac{1}{3}$

$1 \mathrel{\hat{=}} \frac{1}{3} : \frac{3}{4} = \frac{4}{9}$

$\frac{2}{4} \mathrel{\hat{=}} \frac{4}{9} \cdot \frac{2}{4} = \frac{2}{9}$

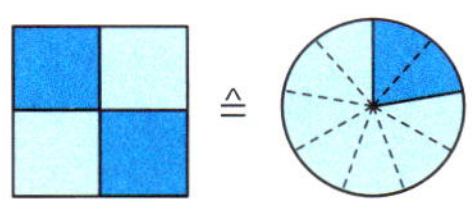

$\frac{2}{9}$ von 360° = 80°

4 a) Da sich sowohl die Zahl der Schüler als auch die der täglichen Arbeitszeit in der zweiten Woche ändert, muss man als Ausgangsgröße die geleisteten Arbeitsstunden berechnen: In der ersten Woche waren das 6 · 3 = 18 Stunden.
In 18 Stunden haben die Schülerinnen und Schüler also 45 m² geschafft. In der zweiten Woche arbeiten sie insgesamt 9 · 4 = 36 Stunden und schaffen insgesamt 82 m². In der zweiten Woche wurde also insgesamt genau doppelt so lang gearbeitet wie in der ersten Woche, aber nicht ganz doppelt so viel Fläche geschafft. Die 9 Schülerinnen und Schüler waren im Verhältnis also etwas langsamer als die 6.

b) Das kann verschiedene Gründe haben, z. B., dass das Arbeitsmaterial (Spraydosen etc.) nicht ganz für alle gereicht hat, oder dass welche dabei waren, die die anderen abgelenkt haben.

Klassenarbeit Nr. 9

Seite 95–96

Falls nicht anders angegeben, gibt es für jede Teilaufgabe bzw. jeden Teilschritt einen Punkt.

1 a) (2 P.)

Menge in l	10	15	20	25	30	35	40	45
Preis in €	17	25,5	34	42,5	51	59,5	68	76,5

b)

Strecke	170	260	1400	3800
Preis in €	28,9	44,2	238	646

(2 P.)

2 a) Der Faktor, mit dem man den x-Wert 10 multiplizieren muss, um den Wert 5 des zweiten Zahlenpaares zu erhalten, ist 0,5. Damit ergibt sich für den y-Wert des Zahlenpaares: 8 · 0,5 = 4, also (5 | 4). Verfahre mit den anderen Punkten nach dem gleichen Prinzip. (20 | 16), (2,5 | 2), (40 | 32) (je 0,5 P.)

b)

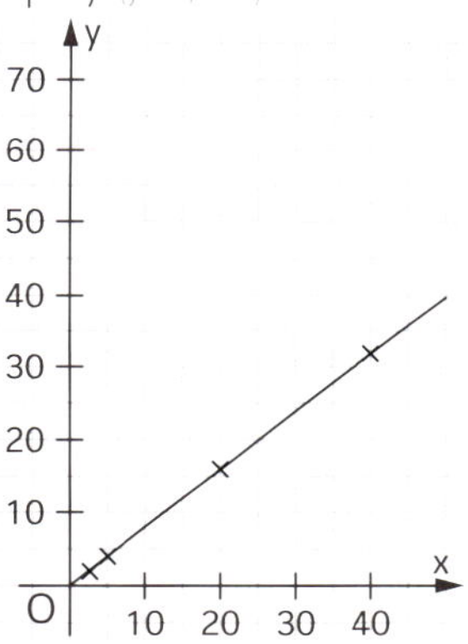

(je 1 P.)

3 a) Je mehr desto mehr ⇒ p
b) Obwohl es wahrscheinlich ist, dass mehr Schüler auch mehr Handys haben werden, wird es sich kaum um eine proportionale Zuordnung handeln, da nicht jeder Schüler gleich viele Handys besitzt. ⇒ x
c) Je mehr desto mehr ⇒ p
d) Es gilt je mehr, desto weniger (mehr Arbeiter brauchen weniger Zeit für die gleiche Arbeit) ⇒ x
Hinweis: hierbei handelt es sich um eine sog. indirekt proportionale Zuordnung („je mehr desto weniger"), die wirst du in der 7. Klasse kennenlernen. (je 2 P.)

4

:8 (8 ≙ 56) :8 (je Zeile 0,5 P.)
1 ≙ 7
·15 (15 ≙ 105) ·15

:12 (108 ≙ 1212) :12
9 ≙ 101
·17 (153 ≙ 1717) ·17

$:\frac{5}{27}$ ($\frac{15}{9}$ ≙ $\frac{2}{3}$) $:\frac{5}{27}$
9 ≙ $\frac{18}{5}$
$\cdot\frac{1}{7}$ ($2\frac{2}{7}$ ≙ $\frac{18}{35}$) $\cdot\frac{1}{7}$

5 Der Wert von x wird verdreifacht. Bei Proportionalität muss sich der Wert von y verdreifachen. Wenn eine Zuordnung nach dem Prinzip „je mehr desto mehr“ aufgebaut ist, dann handelt es sich nicht unbedingt um eine proportionale Zuordnung. Eine solche kann man daran erkennen, dass ihr Graph eine Halbgerade ist, die durch den Ursprung des Koordinatensystems läuft. Außerdem ist bei proportionalen Zuordnungen der Quotient $\frac{y}{x}$ immer gleich. (je 0,5 P.)

6 a) :26 (26 km ≙ 117 min) :26
1 km ≙ 4,5 min
·42 (42 km ≙ 189 min) ·42

Er würde 189 Minuten = 3 h 9 min brauchen, würde seinen Rekord also um eine Minute unterbieten.

b) ·14 (1 cm (Karte) ≙ 50 000 cm = 500 m (Natur)) ·14
14 cm (Karte) ≙ 7000 Meter (Natur)

Der Wanderer muss also noch 7 km zurücklegen. (je 2 P.)

28–24 Punkte	23–15 Punkte	14–0 Punkte
Super!	In Ordnung!	Bitte noch einmal üben!

Kapitel 10: Ganze und rationale Zahlen

Test 1: Rationale Zahlen anwenden

Seite 99

1 Es sind folgende Zahlen, von links nach rechts, markiert:
– 5,8; – 3,1; – 0,1; 1,7; 3,6; 6,9

2 a) Lies an den Kreuzen auf der Hochachse die Zahl ab:

0:30 Uhr	3 Uhr	6 Uhr	12 Uhr	15:30 Uhr
– 1,5 °C	– 3,1 °C	– 0,5 °C	2,7 °C	3,7 °C

b) Entweder im späten Herbst oder im frühen Frühjahr, wenn es nachts schon/noch Frost gibt, das Thermometer tagsüber aber auf über 0 °C „klettert“.

c) Eine Temperaturabnahme hat stattgefunden zwischen 0:30 Uhr und 3:00 Uhr. Die Temperatur nahm in dieser Zeit um 1,6 °C ab, von – 1,5 °C auf – 3,1 °C.
Eine Zunahme hat zwischen 3:00 Uhr und 15:30 Uhr stattgefunden. Die Änderung betrug 6,8 °C, von – 3,1 °C auf + 3,7 °C.

3 Grafik siehe unten.

4 Es sind verschiedenen Nennungen möglich. Zum Beispiel:
- Auf einem Thermometer. Das bedeutet, dass die gemessene Temperatur „unter Null“ liegt.
- Als Höhenangabe. Das bedeutet, dass der gemessene Punkt unterhalb des Meeresspiegels (Nulllinie, „Normal-Null“) liegt, z. B. in einem Tiefseegraben.
- Wenn eine Partei bei einer Wahl im Vergleich zur letzten Wahl Verluste macht, dann ist in einem Diagramm oft angegeben, wie viele Stimmen sie verloren hat (z. B. – 6,3 %).

Test 2: Ordnen und vergleichen

Seite 100

1 a) 9; 0; $\frac{18}{9} = 2$

b) 9; $-\frac{12}{4} = -3$; – 7; 0; $\frac{18}{9} = 2$

Lösung zu Aufgabe 3, Test 1

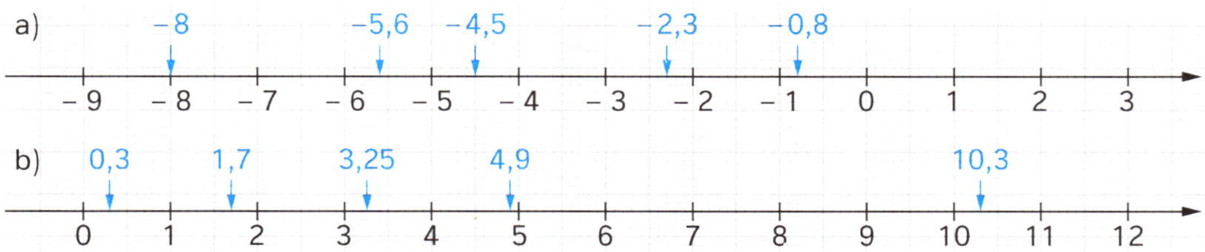

c) 2,1; $-\frac{4}{3}$; 3,2; −6,9; −0,01

d) $-7 < -6{,}9 < -\frac{12}{4} = -3 < -\frac{4}{3} = -1\frac{1}{3}$
$< -0{,}01 < 0 < \frac{18}{9} = 2 < 2{,}1 < 3{,}2 < 9$

2 Grafik siehe unten.

3 a) richtig
b) falsch, es muss heißen $|6{,}4| = 6{,}4$
c) richtig
d) richtig
e) falsch $-2{,}1765 < 2{,}1567$
f) unvollständig, x kann auch 13 sein, denn $|13| = 13$

4 a) $2{,}5 < 3{,}1$ b) $1{,}90 > 1{,}89$
c) $-23 < -0{,}1$ d) $0 > -2$
e) $-\frac{2}{3} < 0$ f) $2\frac{1}{8} < 2{,}5$
g) $-1\frac{12}{13} > -1\frac{13}{14}$ h) $4\frac{1}{5} > 4\frac{1}{6}$

5 $-13{,}12 < -5{,}0 < -2{,}3 < -\frac{4}{3} < -0{,}5 < 0 < \frac{3}{4}$
$< 1{,}14 < \frac{4}{3} < 1{,}4 < \frac{7}{2} < 12{,}13$

Test 3: Koordinatensystem **Seite 101**

Grafik zu **1** und **2**

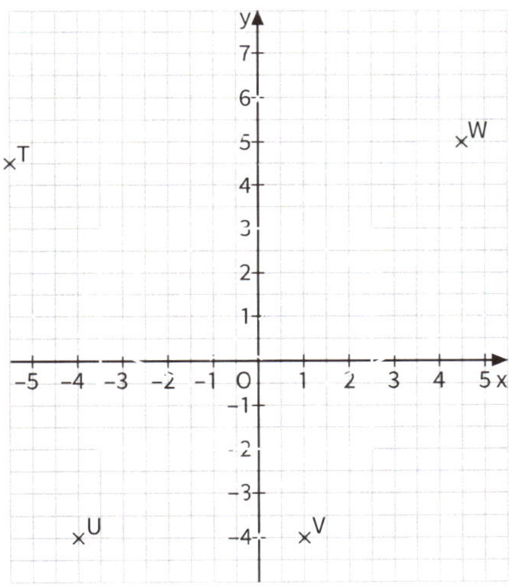

1

1. Quadr.	2. Quadr.	3. Quadr.	4. Quadr.
A, H, G	A, B, C	D, E	E, F

2 a) Grafik siehe oben.
b) $M_{IJ}(-3{,}5|0{,}5)$; $M_{JK}(-0{,}5|-2)$; $M_{KL}(2{,}5|0{,}5)$; $M_{IL}(-0{,}5|3)$
c) $S(-0{,}5|0{,}5)$

3 $T(-5{,}5|4{,}5)$; $U(-4|-4)$; $V(1|-4)$; $W(5|5)$

Klassenarbeit Nr. 10 **Seite 102 – 103**

1 Die Zahl −3 gehört zu den rationalen und ganzen Zahlen, aber nicht zu den natürlichen. Zahl und Gegenzahl sind gleich weit von der Null entfernt. Diese Entfernung nennt man Betrag. Er ist stets positiv. Ist eine rationale Zahl kleiner als eine andere, steht sie weiter links auf dem Zahlenstrahl.
(je 0,5 P.)

2 Die nur rationalen Zahlen aufsteigend sortiert sind: $-6{,}9 < -3{,}5 < -2{,}01 < -\frac{14}{8}\ (= -1{,}75)$
$< \frac{9}{10} < 1{,}5 < 3\frac{1}{6} < 5{,}1$
Lösungswort: DEZIMALE
(richtige Zahlen 1 P.; Lösungswort 2 P.)

3 $-3{,}1 < -\frac{3}{4} < -0{,}5 < 1{,}3 < 2\frac{3}{5} < 4$

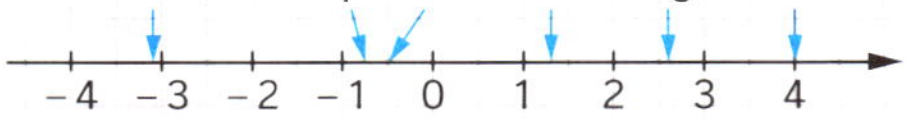

(insgesamt 4 P., ziehe für jeden Fehler 1 P. ab)

4 a) $1\frac{1}{2} > -1{,}5$ b) $-0{,}375 = -\frac{3}{8}$
c) $\frac{16}{5} < 3{,}5$ d) $-0{,}01 < -0{,}001$

5 a)

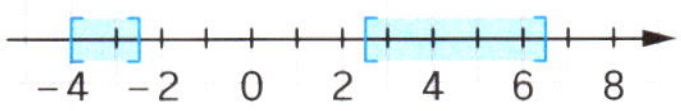

(4 P.)

b)

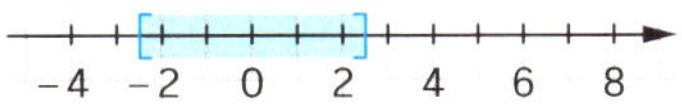

(4 P.)

6 a)

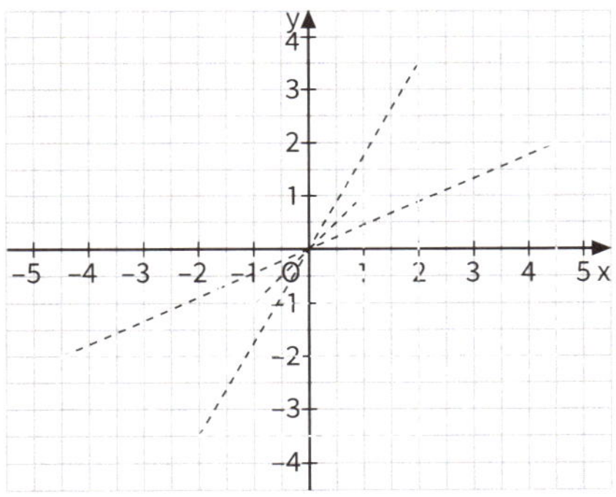

b) $A_1(1|-1)$, $B_1(4{,}5|-2)$ und $C_1(2|-3{,}5)$
c) $A_2(-1|-1)$, $B_2(-4{,}5|-2)$ und $C_2(-2|-3{,}5)$
d) Durch eine Punktspiegelung am Ursprung.
(insgesamt 7 P., ziehe für jeden Fehler 1 P. ab)

30 – 26 Punkte	25 – 15 Punkte	14 – 0 Punkte
Super!	In Ordnung!	Bitte noch einmal üben!

Lösung zu Aufgabe 2, Test 2

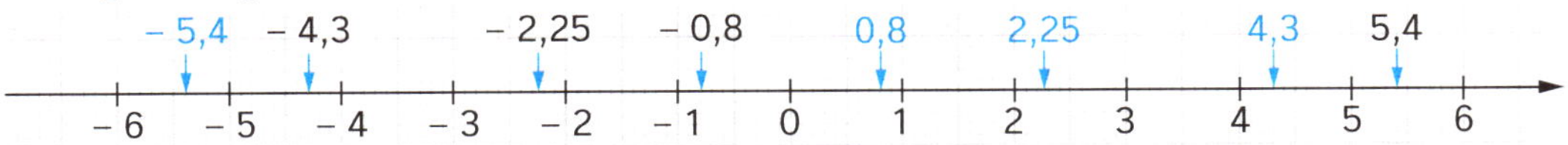

Stichwortregister

V

W

Z